EL MENSAJE DEL CISNE NEGRO

RICARDO GONZÁLEZ
CORPANCHO

EL MENSAJE DEL CISNE NEGRO

EL MUNDO DESCONOCIDO DEL CONTACTADO EXTRATERRESTE

Ediciones
Luciérnaga

Diseño de la cubierta: Planeta Arte & Diseño

Primera edición: junio de 2024

Ediciones Luciérnaga
Av. Diagonal 662-664
08034 Barcelona
www.planetadelibros.com

ISBN: 978-84-19996-31-2
Depósito legal:B. 1.028-2024

Impreso en España – *Printed in Spain*

Certificado PEFC
Este libro procede de bosques gestionados de forma sostenible y fuentes controladas
PEFC
PEFC/14-38-00305
www.pefc.es

A Sol, que me animó a escribir este libro.
Siempre a ella...

SUMARIO

¿Los humanoides y los ovnis nos están hablando de una realidad paralela que, por alguna razón, se manifiesta a algunos de nosotros por periodos muy limitados? Hay muchas preguntas de este tipo y mucha información relacionada que es difícil de comprender. El hecho es, sin embargo, que los encuentros con los ocupantes de los ovnis no pueden ser ignorados; son demasiado numerosos.

Doctor J. Allen Hynek
The UFO Experience (1972)

¿O acaso deberíamos suponer que una raza avanzada en algún lugar del universo y en algún momento del futuro nos ha estado mostrando óperas espaciales tridimensionales durante los últimos dos mil años, en un intento por guiar nuestra civilización? Si es así, ¿merecen nuestras felicitaciones?

Doctor Jacques Vallée
Dimensions (1988)

Los ufoescépticos piensan que los seres humanos saben, como algo científicamente probado, que los ovnis no son extraterrestres y por lo tanto no hay que prestarles atención. Sin embargo, ninguno de los argumentos más contundentes que defienden esta concepción justifica que se rechace la hipótesis extraterrestre como explicación posible de los ovnis. Ni siquiera se aproximan.

Doctor Alexander Wendt y Doctor Raymond Duvall
Artículo en el libro de Leslie Kean *UFOs* (2010)

Una de cada cuatro estrellas tiene un planeta con el mismo tamaño y temperatura de superficie que la Tierra. Sería arrogante pensar que estamos solos.

Doctor Avi Loeb
Extraterrestial (2020)

Ningún estudio del fenómeno ovni tendrá algún valor o significación a menos que el estudiante deje su ego y sus emociones en el guardarropa antes de entrar al aula de estudio, y aun luego, la única conclusión firme a la que el estudiante pueda posiblemente llegar es que ninguna deducción es válida con certeza, en un área donde las posibilidades son tan infinitas como el universo mismo.

Fabio Zerpa
Ellos, los seres extraterrestres (1997)

Esa dimensión, desconocida para la ciencia, sería como la América de Colón. Estaba ahí, pero solo unos pocos lo intuyeron...

J. J. Benítez
Estoy bien (2014)

Investigar a los no identificados es como intentar tomar una fotografía a un carro que se desplaza a toda velocidad en la curva de una montaña rusa. Vivir la experiencia de contacto es estar a bordo de ese carro.

Ricardo González Corpancho
Protocolos de contacto (2019)

PREFACIO

Treinta años de contacto

Sé muy bien que todo lo que he vivido con el fenómeno ovni me acompañará hasta la consumación de mis días. Y esta certeza no requiere de mayor elucidación. ¿Acaso resultaba más fácil seguir con una vida «normal» e intentar olvidar el contacto? Imposible...

Era un niño cuando vi por primera vez esas tan inesperadas como desconcertantes luces en los cielos de Perú. Pero fue al final de mi adolescencia cuando la comunicación con la inteligencia no humana, responsable de estos avistamientos, se produjo, remeciendo mis rígidos cimientos mentales hasta hacerlos polvo.

Y es que con el tiempo pude conocer, «cara a cara», a mis invisibles interlocutores...

Eran muy parecidos a nosotros.

O nosotros muy parecidos a «ellos»...

Nada es igual después de afrontar semejante colisión con lo increíble.

Sí, soy uno de tantos testigos de contacto «extraterrestre» en el mundo. Las comillas van con intención. Y me tomaré la licencia de abusar de ellas a lo largo de este libro. Es inevitable cuando procuras describir algo tan complejo y diferente.

A lo largo de treinta años he venido manteniendo esa extraordinaria experiencia de contacto. Y debo admitir que, pese al tiempo transcurrido, hoy albergo más preguntas que respuestas.

Tal vez esta confesión decepcione a quien ahora me lee. Pero si el lector decide acompañarme hasta el desenlace del libro, estoy seguro de que me comprenderá. Será revelador.

Aviso que este no es otro estudio clásico sobre los no identificados. No es un ensayo de investigación sobre los ovnis con decenas de notas a pie de página y una enorme bibliografía. Es un crudo y sincero testimonio que se basa, primordialmente, en los errores, en el miedo, en la ingenuidad, el apasionamiento, la fascinación, la consciencia y el aprendizaje que gatilla este fenómeno, visto desde dentro.

Quienes conocen mi trabajo saben muy bien que nunca he pretendido espolear la búsqueda atolondrada de estas experiencias de contacto. Solo he procurado compartir una realidad que convive con nosotros. Una realidad incómoda, pero al mismo tiempo maravillosa, que puede redimensionar nuestra consciencia. He ahí el poderoso mensaje. Los encuentros con aquellas presuntas naves de otras realidades y las inteligencias que las controlan no son «mitología» y mucho menos lo que se cocina tras bambalinas.

Para realizar tal cometido, una vez más, desnudaré mi corazón y compartiré detalles inéditos de mi camino personal en este profundo y vasto universo de los encuentros cercanos.

¿Debo sacar a la luz momentos tan personales e íntimos?

La fuerza que me guía me dice que sí.

Nada es lo que parece.

Este libro, en su esencia, habla sobre el «destino»...

Capítulo 1

EL «FANTASMA» DE IVIKA

Volver a la Gran Duna en el desierto de Atacama despierta en lo más hondo de mí profundas e indescriptibles emociones. Este elevado médano, emplazado en un extremo del cautivante Valle de la Luna, había sido escenario de mi último contacto directo con Ivika, una mujer extraterrestre que sostiene provenir del sistema estelar triple Alfa Centauri. Al pie de esa duna, el inolvidable 27 de septiembre del 2016, me las vi con esa extraña dama de otros mundos. Luce joven, como si tuviese unos treinta años. Y su espigada figura parece alcanzar 1,90 metros de estatura. Perfectamente podría infiltrarse entre nosotros haciéndose pasar por una visitante de los países nórdicos. Su piel blanca, sus cabellos rubios casi canos y sus hipnóticos ojos verdes almendrados le dan un aspecto exótico. Vestida con un traje metálico pegado a un cuerpo que lucía atlético y ectomorfo, se desplazaba con movimientos lentos, rígidos, extremadamente erguida. Era como estar ante un avanzado robot con inteligencia artificial, y no frente a un ser de carne y hueso con consciencia como los humanos. Sea como fuese, «aquello» estaba allí. En mi libro *Tierra II* (Luciérnaga, 2021), describo al detalle esta experiencia.

Lo inquietante es que ese contacto estaba a punto de repetirse...

Y he dicho bien: repetirse.

Domingo 26 de marzo del 2023, 17:27 horas según confirmo en mi cuaderno de campo. Una tormenta de arena se precipita sobre el grupo de casi sesenta personas que ya alcanzaba la cumbre de la Gran Duna.

Ivika lo había anticipado...

En previas comunicaciones telepáticas nos indicó que visitáramos el Valle de la Luna en esa precisa coordenada, asegurando que cuando llegáramos a la Gran Duna, se activaría una zona-ventana, un vórtice, para que nos volviéramos a encontrar.

«Treinta segundos de tu tiempo en conexión con nosotros será suficiente», me dijo mentalmente la visitante de Alfa Centauri, mientras me acercaba al lugar marcado por ella en medio de la tormenta de arena.

Todo parecía irreal. El clima había cambiado abruptamente nada más poner el pie en la bendita duna.

El cuerpo de guardaparques de la CONAF (Corporación Nacional Forestal de Chile) se preparaba para evacuar y cerrar el Valle de la Luna. Así como se lee. Entretanto, yo descendía con dificultad por una ladera de la duna para alcanzar el punto de contacto. Mi amigo, Sebastián Alberoni de Capilla del Monte, venía a mi lado y vigilaba todo el contexto, especialmente a los alertados guardaparques.

Finalmente, llegué a la coordenada: el lugar exacto en donde había vivido el encuentro cercano del 2016. Entonces todo volvió a suceder...

Entré, por decirlo de algún modo, en trance, como si mi mente se hubiese conectado a una realidad alternativa totalmente inmersiva. Ya no sentía la tormenta de arena. Todo se aquietó. Un silencio sepulcral se había precipitado. Y he ahí que surgió la figura de Ivika, en un calco fiel del contacto que hacía siete años habíamos tenido allí.

Estaba, otra vez, en medio de ese holograma de otro mundo con la mujer de Alfa Centauri, quien caminaba hacia mí mientras sostenía un cubo metálico en sus manos.

El contacto se volvía a «repetir».

Pero ese no era el objetivo de esta experiencia.

—Ivika, por favor, detente, necesito hacerte nuevas preguntas —le hablé firme, como pretendiendo pausar el *bucle.*

E Ivika se detuvo. Sonrió y me dijo: «En un momento podremos hablar».

Tenía la impresión de que se había generado una suerte de burbuja dentro del *loop* de la experiencia del 2016. Pero no traté de entenderlo en ese momento. Sentía que cada segundo contaba.

—Quiero hablar de varias cosas, de nuestra relación con ustedes, de nuestras dudas, de lo que viene, de todo lo que pueda preguntarles.

—Hablemos —me dijo con tono comprensivo, con una voz totalmente humana haciendo eco en mi cabeza—. Pero será necesario que comprendas el proceso que has seguido, desde el principio...

El desierto de Atacama visto desde el Valle de la Luna. Al fondo se aprecia la gigantesca silueta del volcán Licancabur (5.916 metros) y el cerro Quimal (4.278 metros). Fotografía del autor.

Este es el primer *identikit* de Ivika, sin duda el más difundido. Fue realizado por el dibujante argentino Ramiro Rossi en el 2015. ¿Realmente son seres de otros mundos como afirman? Su apariencia humana despierta muchas preguntas.

Capítulo 2

«ELLOS» ESTÁN DESDE LA NIÑEZ

Era apenas un niño. Calculo que tendría unos cinco años. A finales de la década de los setenta. Mis padres, como muchos fines de semana, acudían a un bello club campestre llamado El Bosque, ubicado en Chosica, en la sierra de Lima. Su aire puro en sus moderados 800 metros de altura, con su lago atiborrado de patos y los amplios espacios verdes al pie de los cerros, era un paraíso para pasear y jugar, un verdadero remanso para escapar del cemento y el bullicio de la ciudad. Ahí empezó todo para mí...

Al caer la noche me encantaba ver las estrellas, un mosaico cósmico que no siempre se puede disfrutar en una Lima, que la mayor parte del año tiene su cielo nublado por culpa de la fría corriente de Humboldt del océano Pacífico y la barrera natural que encuentra la bruma en la cordillera de los Andes. El Bosque siempre era la oportunidad perfecta para soñar con las estrellas. Pero algo extraordinario rompió lo habitual. Unas «estrellas» que estaba observando, de pronto, empezaron a moverse. Y algunas parecían desplazarse muy cerca de la cumbre de los cerros. Esas luces esgrimían movimientos errantes y caprichosos que me cautivaron. Desde luego, no eran satélites. Y mucho menos reflejos de linternas o de alguna otra fuente artificial de luz. Además, recordemos que en esa época no existían los drones.

Con toda mi inocencia las llamé «estrellas caminantes». Lo viví como un juego. Aquello me producía una sensación muy hermosa en el pecho que no podía explicar.

Y fue, precisamente, en esa etapa de mi vida que empecé a tener sueños muy lúcidos con naves de origen extraterrestre. No recuerdo haber asociado las luces que presencié en Chosica con estos sueños. Pensé que eran escenas sacadas de mi imaginación. Imágenes en las que me veía salir en pijama hacia el pequeño jardín de la casa en donde se hallaba flotando una especie de cápsula metálica, como un huevo de metal bruñido, en el cual ingresaba para encontrarme con un «amigo»: un niño igual que yo, pero calvo, de cabeza bastante más grande, sin párpados y con unos ojos inmensos y bondadosos. En estos «sueños» le mostraba al ser unas revistas que mi padre me había comprado en el mercado chino de Lima, en donde resaltaban unos objetos voladores futuristas al estilo de *Star Wars*. Le pregunté si estaba a bordo de uno de esos vehículos. No recuerdo mayor diálogo. El «niño extraterrestre» solo se limitaba a sonreírme y me sentía fabuloso con su compañía.

Mi madre sostiene que de niño tenía muchos de esos sueños intensos y extraordinariamente vívidos, que solía comentar animadamente en el desayuno. Algunos los recuerdo aún hoy con todo lujo de detalle. Incluso, más de una vez me he despertado en el comedor de casa sorprendido por cómo había aparecido allí. Y al volver nervioso a mi habitación me encontraba con la sorpresa de que seguía descansando en mi cama: me veía acostado, profundamente dormido...

Ricardo y su padre en el club campestre El Bosque. Allí empezó todo.
Foto de 1977.

Naturalmente, mis padres tomaron estas experiencias con pinzas, tal vez producto de la fértil imaginación de un niño. Hasta que ocurrió algo que les hizo cambiar de opinión...

En otro «sueño» volví a despertar en el comedor, pero en esa ocasión sentí una presencia. Entonces miré a través del ventanal que daba al jardín y descubrí a un hombre bajar por la pared de la casa vecina. Percibí peligro y supe de inmediato que dos ladrones estaban entrando en casa. En un abrir y cerrar de ojos me encontré en mi cama, como despertando de una pesadilla, con el cuerpo agitado y sin poder hablar. Sabía que no había sido un sueño. Sabía que lo había «vivido».

Como pude, aun temblando por la impresión, fui al dormitorio de mis padres y los desperté para advertirles. Pero ellos se figuraban que solo había tenido un mal sueño e intentaron tranquilizarme. No lo lograron. Y le insistí tanto a mi padre que, finalmente, decidió inspeccionar la casa y verificar el jardín y el patio exterior. Volvió muy sereno y me dijo: «No pasa nada hijo, no hay nadie». A pesar de sus palabras me quedé nervioso y angustiado. Apenas pude dormir. Estaba seguro de que no había sido una pesadilla.

Al día siguiente, durante el desayuno, vi a mi padre contrariado. Con la cabeza baja y enojado nos informó que habían entrado a robar en casa... Por las marcas en la pared del jardín se podía advertir por dónde se habían colado los ladrones: lo hicieron a través de la pared vecina, exactamente como había ocurrido en mi «sueño»...

Un detalle inquietante es que no vi el robo en tiempo real, sino «antes» de que ocurriese. Por ello mi padre, al investigar, no había hallado ninguna anormalidad. Afortunadamente, en su exploración comprobó que no había colocado el seguro de la puerta que comunica el patio con el interior de la casa. Al constatar ese olvido lo arregló. Y gracias a esa decisión los delincuentes no pudieron entrar en el corazón de la casa ni en nuestros dormitorios. Tuvieron que conformarse con lo que hallaron en la parte exterior. Y todo gracias a un «sueño» providencial.

Hechos como este se fueron multiplicando en mi niñez y adquirieron un pico importante cuando, a los once años, empezaron a surgir otros sueños, pero muy distintos en su naturaleza...

Un caos llegado del cielo

Fue una etapa, lo admito, muy desconcertante. Me levantaba agitado en la madrugada con la vívida imagen de una tragedia global que había sorprendido a la humanidad. Veía a la gente correr, mirando asustada y confundida el cielo, en medio del caos de una ciudad que no reconocía como Lima. En algunos de esos sueños distinguí otras escenas en donde aparecían unos discos luminosos. Esas naves —así lo interpreté— proyectaban unas columnas de luz hacia el suelo y al alumbrar a determinados grupos de personas se las llevaban hacia arriba. Parecía una suerte de evacuación. Pero las naves no rescataban a todos. Y este detalle me produjo gran desconsuelo y enojo. En aquel momento algo en mí se quebró con «ellos».

Hasta que irrumpieron aquellos sueños mis experiencias con el fenómeno habían sido hermosas, mágicas, hasta podría decir llenas de ternura, ajenas a esas dantescas escenas. Mi enfado fue tal, que empecé a ver, distorsionadamente, que aquellas naves no estaban ayudando, sino que tenían responsabilidad con el catastrófico incidente. En mi sorpresiva turbación mezclé todo. Aquí comentaré una anécdota poco conocida. Ese año, 1985, cursaba el sexto grado de educación primaria en los hermanos Maristas. Entonces hubo un concurso de cuentos dentro del programa curricular del curso de Lenguaje. Todos los alumnos del grado, repartidos en diferentes salones del colegio, tenían que participar. Solo diez cuentos serían elegidos por un comité de profesores para una publicación. Mientras mis compañeros escribían con ayuda de sus padres cuentos sobre un perro y un loro, príncipes encantadores, genios y cuevas, yo me incliné por el fenómeno ovni. Redacté un texto a modo de informe de noticias que describía una invasión extraterrestre. Mi «cuento» terminaba con los rusos destruyendo la nave madre agresora, que terminaría cayendo del cielo y hundiéndose en el mar. Nunca me imaginé que mi texto sería publicado dentro de los diez elegidos. Con once años, estaba firmando mi primera publicación sobre los ovnis. Y no hablaba nada bien de «ellos». Los atemorizantes sueños que había tenido, como digo, fueron el caldo de cultivo. Estaba enojado. Confundido.

Me recuerdo como un niño sensible, silencioso, con cierta dificultad para sociabilizar, pero con gran predisposición para la música y el dibujo. Me viene a la memoria que el profesor de Historia siempre me pedía, previo a sus clases, que le dibujara mapas y a los personajes principales de su disertación en la pizarra del aula. Me ponía a ello en el recreo. No me gustaba salir a jugar al inmenso patio con toda la manada alocada de niños. Prefería dibujar en silencio, en el vacío del salón de clases.

Con el tiempo, al iniciar mis estudios de secundaria, mi mundo interior se hizo más presente y me «desconectó» de las pesadas y aburridas clases, de las normas del colegio y hasta de la atención de las tareas. Poco y nada captaba mi interés. Como consecuencia lógica, mis calificaciones eran un desastre, hasta el punto de que tendría que repetir el curso. Los profesores no lo podían creer porque me consideraban un niño muy inteligente. No les entraba en la cabeza mi magro desempeño. Rápidamente dedujeron que había graves problemas en mi hogar y que esa situación me distraía. Siguiendo el protocolo, citaron a mis padres y les acribillaron con todo tipo de preguntas. Entonces comprendieron que el problema no estaba ahí. Mis padres siempre estuvieron muy unidos a sus hijos y eran muy amorosos. Superaron todo tipo de pruebas y se amaron durante los cincuenta años de matrimonio que compartieron. Somos una familia muy fuerte y agradecida.

Finalmente, asistí a varias sesiones con la psicóloga del colegio. La conclusión, tras varias charlas y pruebas, es que tenía, supuestamente, un leve trastorno del espectro autista de tipo Asperger. Ciertamente amaba más el silencio y la naturaleza que el bullicio de la vida social. Sin ningún tipo de conocimiento sobre meditación, podía pasar tiempos prolongados sentado en un jardín con los ojos cerrados para disfrutar del entorno. Al parecer, mi sensibilidad no era compatible con el sistema de educación que estaba siguiendo. Y fue así que les sugirieron a mis padres cambiarme de colegio. La rigidez de un centro de estudios católico con exigentes curas marianos no me iba a ayudar en nada.

Fotografía de 1985.

Así pues, me cambiaron a otro colegio privado que tenía un enfoque marcadamente diferente, más descontracturado, en donde las alumnas convivían en la misma aula con los varones, algo no muy común en la acartonada sociedad limeña. Fue un cambio chocante al principio, pero terminó resultando. Me integré mucho más e hice grandes amigos. Hasta tuve mi primera novia, «enamorada», como decimos en Perú, y formé parte de una banda de *rock* en donde tocaba los teclados. También empecé a practicar artes marciales. En fin, crucé de un extremo a otro.

Sin embargo, en ese tránsito, en el verano de 1988, «ellos» volvieron a aparecer.

A pocos meses de cumplir los catorce años, un nuevo avistamiento me sorprendía, pero esta vez el objeto se veía mucho más cerca: una pelota de luz, a pleno día, surcaba en silencio el cielo de Lima en dirección al mar. Enmudecí.

Suelo mencionar este incidente porque fue muy impactante y significativo para mi camino. Además, no fui el único testigo: los medios de comunicación de Perú se hicieron eco de estos avistamientos y los reportaron como una «oleada ovni», que sacudiría el país durante varios meses. Por si esto fuera poco, los sueños de la catástrofe que había enfrentado años atrás volvieron, y con mayor fuerza. Aunque esta vez hice una lectura distinta. Entonces me pregunté: «Si las escenas de estos sueños encierran una verdad, si esta situación ocurriese ahora mismo, ¿me tomaría en un estado de conformidad con mi proyecto de vida?».

Empecé a sentir que había un mensaje. Y tras ese mensaje una decisión.

EXPRESO — Lima, Domingo 18 de Setiembre de 1988 PAG. 7

Expreso

El Diario de Mayor Circulación Nacional Certificada
Jr. Ica Nº 646 - Teléfono 287470

Director: Manuel d'Ornellas S. I/.100.00

Nº 9897 — Lima, Domingo 18 de Setiembre de 1988 — Año XXVII

PLATILLOS VOLADORES EN HUARAZ

(PAG. 17)

HUARAZ

Flotilla de platos voladores

HUARAZ, Set. 17.— Una flotilla de ovnis surcaron los cielos a la altura del nevado de Pastoruri, en la provincia de Recuay, ayer a las cinco de la tarde, causando la estampida del ganado que a esa hora era recogido por los pastores.

El guía turístico Atilio Barrenechea Ramos, al informar el hecho, manifestó que seis platillos voladores hicieron su aparición por el lado

Curiosamente, muchos de los avistamientos reportados en Lima durante la oleada de 1988 se iniciaban en la zona andina de Áncash, en las cercanías del nevado Pastoruri y a lo largo de la cordillera Blanca, en la zona en donde Ivika indicó la existencia de una base subterránea. Recorte del diario *Expreso,* del 18 de septiembre de 1988.

Y aquí pasaré a compartir un conveniente capricho del «destino». Crecí en una familia que ama los libros. Mi padre tenía una amplia colección de obras clásicas de la literatura, tratados de ciencia, filosofía e historia. «¿Entre tanto libro no habrá alguno que hable sobre los ovnis?», me decía mientras hurgaba en una de las estanterías. Ese sólido estante de madera caoba, elegantemente pintado de negro —que mi padre mandó hacer en 1974, el año en que nací—, a diferencia de la biblioteca principal que se hallaba ubicada en la sala, se encontraba al final de un pasillo. Allí convivían libros sobre el Antiguo Egipto con obras de Julio Verne y Alejandro Dumas. Entonces, en medio de esas colecciones, hallé un solitario libro sobre los ovnis. Mi sorpresa fue mayúscula.

¡En casa nunca se hablaba de estos temas! Mi madre, subadministradora de una oficina bancaria, estaba más inclinada hacia la religión. Su fervor católico era profundo y honesto, y de ahí no salía. Mi padre, un alto funcionario de la Seguridad Social de Perú, tenía mucho interés en los misterios de la Antigüedad, pero jamás se había referido a los ovnis.

Tomé como poseído el libro y leí su título: *Un estudio sobre los ovnis* (1969). El autor era Richard Greenwell, un investigador de la Aerial Phenomena Research Organization (APRO). El volumen, para mi alegría, tenía varias fotos a color de los no identificados. Me emocioné. Capturé el libro sin decirle nada a mi padre y lo coloqué en la mochila del colegio con la intención de mostrar las imágenes a mis compañeros de confianza. Cuando más tarde me animé a preguntarle a mi padre qué hacía un libro semejante en medio de su colección, me dijo sonriente: «Algún día te contaré la historia de ese libro»...

Fue mi primer libro de ufología. Y otro efecto dominó se puso en marcha.

Aún lo conservo.

«Sube a la terraza de tu casa»

El avistamiento de 1988 y el inicio de mi búsqueda de respuestas estuvo matizado por esa cadena de sueños relacionados con el fenómeno, pero también por sucesos de índole paranormal, «anomalías» que tuvieron como testigos a algunos compañeros de mi colegio e incluso a mi propia familia. Entre esos eventos puedo mencionar proyecciones extracorpóreas, sueños premonitorios y hasta movimientos involuntarios de objetos a distancia. No exagero. Ruidos, luces que se apagaban y encendían, y cristales que se quebraban. Mi mamá —como ya dije, católica acérrima—, ante el extraño fenómeno me llevó un domingo a la parroquia del barrio para que hablara con el cura. Mientras el sacerdote me recomendaba que solo tenía que rezar más, en mis adentros yo intuía que todas estas anomalías estaban relacionadas con el avistamiento. Es decir, que la aparición del ovni había activado algo en mí que aún no comprendía ni controlaba. Fue una etapa difícil y finalmente decidí —al ver la preocupación de mi familia— olvidarme de todo. Incluso de mi pequeño grupo de adolescentes, amigos del barrio y del colegio, que se había formado espontáneamente para hablar sobre estos temas. Nos reuníamos los fines de semana en el parque César Vallejo de San Miguel, a la sombra de un abandonado ojo de agua que había sido entubado. Corté abruptamente con ese mundo misterioso que se me abría y me entregué a las mieles de la adolescencia. A ser un «joven normal».

Al concluir mis estudios escolares lo tenía claro: quería dedicarme al arte. Ser músico o pintor. Pero mi padre, intranquilo por mi futuro, me aconsejó estudiar una carrera de respaldo sin que ello significara abandonar mis planes. Así pues, mientras seguía clases privadas de música con la conocida pianista Consuelo Levi de Stubbs, cursaba la carrera de Mercadotecnia en el Instituto Peruano de Marketing. Corría el año 1993. Mis experiencias con el fenómeno ovni estaban más que sepultadas. No obstante, «ellos» se encargaron de sacudir nuevamente el avispero.

Lo he descrito detalladamente en otros libros. Cada vez que lo recuerdo, una especial emoción me abraza y me conmueve profundamente. Me sigo maravillando. Estaba tomándome un descanso en mi escritorio, ubicado frente a un ventanal de mi habitación que daba a la calle. Mi mesa de trabajo se encontraba atiborrada de libros y apuntes. En unos días tenía dos parciales de Estadística y Contabilidad. Pero al cabo de unas horas de lecturas y cálculos, caí rendido de cansancio y me dejé hundir en el asiento, entrando rápidamente en un estado de duermevela. Entonces, una voz masculina, neutra y sin acento, con cierto tinte metálico, me dijo con autoridad y en perfecto español: «No dejes de seguir buscando...».

Abrí los ojos en medio de mi enorme sorpresa. Ya había caído la noche. ¿Era una ilusión aquella voz? Acto seguido, mi invisible interlocutor añadió: «Somos seres extraterrestres que deseamos entablar una comunicación contigo». Era demasiado...

Reconozco que dudé. No lo podía creer.

Y he ahí que la «voz» me propone subir a la terraza de casa, afirmándome que allí tendría una confirmación. Volví a dudar. Sin embargo, también me preguntaba: ¿y si todo esto realmente está sucediendo? ¿Iba a desperdiciar la oportunidad? Mi mente batalló intensamente. «Vamos, Richard —así me llama mi familia—, es una auténtica locura.»

Tras meditarlo, decidí subir a lo alto de la casa, localizada en mi recordado barrio de Orrantia del Mar. Lo que sucedió es muy conocido por mis lectores: un objeto rojo brillante se colocó sobre la vivienda sin emitir ruido alguno y estuvo allí el tiempo suficiente como para que lo viera toda mi familia: mis padres y mis dos hermanos menores. Fue increíble. Después de tantas idas y venidas, de afrontar distintos fenómenos relacionados con «ellos» desde mi niñez, la comunicación «oficial» se iniciaba...

Cuando vi la presunta nave marcharse en dirección a las montañas, supe internamente que tras ese encontronazo ya no me volvería a alejar.

Capítulo 3

ACEPTAR EL FENÓMENO

No tengo dudas. Las experiencias de contacto se inician en la más temprana niñez, independientemente de que el testigo no sea consciente del metódico plan de acercamiento. ¿Acaso una preparación para futuras experiencias con «ellos»? ¿Un estudio antropológico guiado por una inteligencia no humana que nos monitorea? ¿Por qué a unos y no a otros? ¿Cuál es el criterio de selección? No pocos investigadores de los «no identificados» se han hecho estas preguntas. Y es bien conocido que en ese enorme abanico de testigos se puede hallar toda clase de personas: pastores, agricultores, oficinistas, médicos, militares, políticos, artistas, etc.; no importa su condición social o formación intelectual. Una amplia muestra. De hecho, conozco de primera mano varios casos de escépticos recalcitrantes que también tuvieron un encuentro ovni o protagonizaron un evento paranormal cuando eran muy niños. Pero no les agrada hablar de ello. Es evidente que los testigos reaccionan de forma muy diferente ante el fenómeno.

Investigando mi propio caso, logré reunir varios estudios militares realizados en Estados Unidos —que comienzan en la época del célebre proyecto *Blue Book* (1952) y alcanzan su pico con el proyecto *Stargate* (1978)—, trabajos que abordaron el potencial psíquico en humanos y su aplicación en inteligencia y espionaje. Sin embargo, esos proyectos también tuvieron un importante enfoque en testigos ovni que experimentaron fenómenos paranormales asociados. No por casualidad, muchos de esos testigos ya habían afrontado experiencias parafísicas en la niñez, relacionadas con el fenómeno contacto que no recordaban y que fueron «rescatadas» de la memoria a través de cuestionables sesiones de hipnosis. Los militares y científicos que formaban parte de estas iniciativas sometían a los contactados a diversas pruebas, que incluían, además, complejos cuestionarios que iban más allá de la indagación del aspecto «técnico» y «medible» de un reporte de avistamiento ovni (o, si se quiere, UAP, el nuevo término impuesto por la NASA, de las siglas en inglés que significan «fenómeno anómalo no identificado»). Y es que a los militares también les interesaba el aspecto psíquico del fenómeno. Un proceder no muy distante a la escena de la película *Encuentros en la tercera fase* (1977), en donde el investigador que representaba el actor francés François Truffaut —inspirado en el célebre científico y ufólogo, también francés, Jacques Vallée— le hace todo tipo de preguntas al contactado del filme, Roy Neary (Richard Dreyfuss) para averiguar cómo se involucró con los extraterrestres. No es solo ficción. El astrónomo norteamericano Joseph Allen Hynek (1910-1986), miembro del ya citado programa Libro Azul, asesoró en materia de ovnis a un veinteañero Steven Spielberg para la elaboración de esta película. Más adelante volveremos a Hynek y Vallée. Yo los descubrí gracias al referido libro de Greenwell que tenía mi padre.

Después de la comunicación mental y el avistamiento de confirmación de aquella inolvidable primavera de 1993, nada sería igual. En ese momento me preguntaba: ¿y ahora cómo sigo en contacto con «ellos»? ¿Debo esperar a que me vuelvan a hablar?

Pocos días después del avistamiento, mientras cruzaba a pie el puente Alfredo Benavides del barrio de Miraflores para dirigirme a mi centro de estudios, una mujer mayor me interrumpe y me dice a bocajarro: «Los hermanos mayores del cosmos están esperando a que tomes una decisión»...

Me quedé helado.

¿Y aquello qué era? ¿Una caprichosa casualidad? ¿Quién era aquella mujer que me abordaba así en medio del puente?

Aún no había salido de mi sorpresa cuando me entregó un pequeño papel que anunciaba una jornada de conferencias sobre el fenómeno ovni. La dama sonrió y se marchó tras de mí, mientras yo examinaba, absorto, el anuncio de ese congreso ufológico. ¿Esa caprichosa sincronicidad era la respuesta que buscaba?

En el contactismo, este tipo de carambolas suelen apreciarse. Lejos de todo pensamiento mágico, creo que estamos ante una estructura inteligente, invisible pero poderosa, que entrelaza personas, lugares y acontecimientos para guiarnos hacia algo importante, si es que sabemos navegar en ese profundo mar de información. Siento que es una especie de «asistencia» de un universo consciente que no está separado de nosotros y que puede hacerse evidente si aprendemos a verlo y a escucharlo. Llamo a este fenómeno de «coincidencias temporales» el «Imán Cósmico». El célebre psiquiatra y psicólogo suizo, Carl Gustav Jung, trató de explicarlo en su revolucionario libro *Sincronicidad* (1952), en donde sostiene con erudición que «la sincronicidad no es más sorprendente o misteriosa que las discontinuidades de la física». Bien dicho.

En fin, la providencial aparición de aquella señora en Miraflores ocurrió en el momento perfecto, justo cuando mi mente buscaba cómo seguir después del mensaje y el avistamiento.

Decidí confiar y dejarme guiar...

Ahora bien, debo decir que cuando asistí al congreso —cargado de todo el entusiasmo e interés del mundo—, tuve una primera decepción. Para mi incomodidad, algunos de los ponentes se presentaban como embajadores de los hermanos del espacio, una suerte de elegidos. Y otros fueron más lejos al afirmar sin pudor que Jesús era un extraterrestre que vivió con ellos en el barrio de Lince. «¿En dónde me he metido?», pensé, mientras amagaba con irme del auditorio. Pero me propuse escuchar todas las exposiciones con la mente lo más abierta posible.

Hasta que llegó el turno de Edgar Concha Macías y Freddy Anci, ambos miembros del grupo Rama, un movimiento de contacto nacido en Lima en la década de los años setenta. Fue lo más sensato que escuché ese día. A pesar de las extraordinarias vivencias que relataban, Concha y Anci no pontificaban sobre el fenómeno contacto, invitaban a pensar y eran muy claros en describir el protocolo de confirmación de los mensajes. Todo me sonaba muy familiar. En muchos puntos, sus experiencias parecían aproximarse a la mía. ¿Se trataba, acaso, de los mismos seres?

Al final de la disertación me acerqué a los conferenciantes y les solicité más datos de sus actividades. Edgar Concha, contador público y antiguo miembro del grupo de contacto, me dijo que Rama se había disuelto, oficialmente, en 1991, pero que seguían reuniéndose en el jirón Sergio Bernales 222, en el barrio Médico de Surquillo. «Justo la próxima semana se abre un nuevo grupo de trabajo, estás invitado», me dijeron.

La preparación

Sería muy largo describir todo lo que significó ese apasionado e intenso proceso de aprendizaje. Me involucré de lleno con los grupos de contacto Rama y, al mismo tiempo, frecuentaba el Instituto Peruano de Relaciones Interplanetarias (IPRI), en su sede del barrio de Barranco. Eran dos caras de la misma moneda. El IPRI, fundado en Lima en 1955 por José Carlos Paz García-Corrochano, era una organización pionera en la investigación de los no identificados en Latinoamérica. Su interés se concentraba en el espacio, la posibilidad de vida extraterrestre y el estudio de los objetos anómalos que se reportaban en nuestros cielos. Ufología pura y dura.

Pero todo cambió en 1974.

José Carlos Paz, durante una visita en España. Cortesía: Carmen Domenech.

Los tres jóvenes hijos de José Carlos Paz: Charlie de veinte años, Sixto de dieciocho y Rose Marie de dieciséis, e incluso la madre, la querida y recordada Mochi, se verán envueltos en una experiencia de contacto que sorprenderá al propio fundador del IPRI. Sixto empezará a recibir, desde el 22 de enero de ese año, mensajes psicográficos de una entidad extraterrestre que decía llamarse Oxalc, proveniente de una base artificial construida en Ganímedes, una de las lunas de Júpiter. Para verificar el contacto, los supuestos extraterrestres, en una nueva comunicación recibida esta vez por Charlie, coordinaron con el grupo de jóvenes una «prueba física» en un lugar situado a las afueras de la ciudad de Lima. La coordenada señalaba el hoy famoso desierto de Chilca. Y la confirmación se dio a través de un poderoso avistamiento. Era un jueves 7 de febrero. En ese momento, los extraterrestres les transmitieron telepáticamente: «No bajamos ahora porque ustedes no saben controlar sus emociones. Habrá una preparación, un tiempo y un lugar».

Por si todo ello fuera poco, Charlie recibiría más adelante un mensaje de una entidad denominada Kulba —que afirmó ser procedente de Alfa Centauri—, anunciando un nuevo avistamiento para la prensa en el mismo desierto. La fecha: 7 de septiembre de aquel histórico 1974. El periodista «invitado» fue el español Juan José Benítez. En mis anteriores libros ya me he referido ampliamente a este asunto. El testimonio de J. J. Benítez disparó la popularidad de Rama y de los contactos en Chilca. Así pues, con el transcurrir del tiempo, el grupo se transformó en un importante movimiento contactista, presente en más de treinta países.

Pero como detallo en mi libro *Lugares de contacto* (Luciérnaga, 2018), los contactos modernos en Chilca datan al menos de 1970. Se inician en la zona de Papa León XIII con Maruja Soler de Acervo, seguidora del contactado yugoslavo Vlado Kapetanovic, quien, de hecho, frecuentó su casa de Chilca en aquel tiempo. La conexión con el IPRI surgió gracias al hijo de Maruja, Juan Acervo, que puso al tanto a José Carlos Paz de los incidentes ovni en el desierto.

Lo que muy pocos saben es que existía un grupo de contactados e investigadores en aquel tiempo, que venían promoviendo la exploración de la comunicación extraterrestre. Era una alianza conformada por el propio Kapetanovic, el investigador Antón Ponce de León Paiva (antiguo miembro del IPRI, que luego se concentró en la divulgación de la cosmovisión andina desde su maravillosa Samanahuasi, en Cusco) y el rosacruz José Rosciano Holder, más conocido como Yosip Ibrahim, autor del *best seller Yo visité Ganímedes* (1972). Conocí personalmente a los tres.

Fue Rosciano Holder quien animó a Vlado a escribir libros de forma novelada sobre sus contactos con los apunianos. Pensaba que así el mensaje llegaría a más personas. En mi opinión fue un error, porque costaba separar la vivencia real de Kapetanovic de sus licencias literarias, que muchas veces se enroscaban en sus particulares convicciones políticas y religiosas. Esta situación ha despistado a más de un investigador.

El autor con Antón Ponce de León y su esposa Regia, en Samanahuasi («Casa del Descanso»), en el valle sagrado de Urubamba, Cusco. Allí se le dio hogar y protección a varios niños y a ancianos abandonados. Fotografía de 1994.

A muchos investigadores les resultará interesante saber que las cenizas de la controvertida contactada estadounidense Dorothy Martin (Sister Thedra) fueron a parar a Samanahuasi. Esta fotografía muestra el lugar donde descansan sus restos. Martin y otros contactados estadounidenses como George Hunt Williamson —testigo de los encuentros cercanos de George Adamski— vivieron un tiempo en Perú, a mediados de los años cincuenta. Fueron ellos los que destaparon lugares de contacto como Marcahuasi (de la mano de Daniel Ruzo), la puerta de Amaru Muru en el Titicaca y el muro de Pusharo en la selva del Paititi. Su influencia, con sus luces y sombras, quedó patente en el contactismo Latinoamericano. Imagen de archivo del autor.

Investigando estas historias me quedaba claro que había una suerte de «plan de contacto» que venía evolucionando a lo largo de los años, muy anterior a 1974. Un programa orientado por una inteligencia no humana que buscaba preparar a determinados grupos de personas para mantener una comunicación, aunque los resultados no siempre fueron los deseados por el comportamiento humano, que está preñado de creencias, dogmas y fanatismos.

El grupo Rama fue uno de esos grupos que procuraron seguir la preparación sugerida por los extraterrestres. Con tal fin había reunido una serie de técnicas para crear las mejores condiciones de recepción de mensajes telepáticos, transmisiones que muchas veces eran acompañadas de escritura automática, la ya citada psicografía. Las técnicas de «entrenamiento» estaban basadas en ejercicios de respiración, concentración, meditación y mantras. Lo he dicho antes, en un principio este escenario me desconcertó. ¿Qué tenían que ver los ovnis con gente vocalizando mantras y haciendo todo tipo de prácticas holísticas en el desierto de Chilca? ¿Me estaba metiendo en un culto ufológico? Separando el agua del aceite —ya que en el contactismo abundan las exageraciones—, comprendí que estas técnicas sí eran útiles para navegar en estados no ordinarios de la consciencia. Lo explico con mayor detalle en mi libro *Protocolos de contacto* (2019) reeditado actualmente por Tesseractum Editorial.

Así pues, decidí aparcar mis prejuicios y me entregué a la experimentación de esas técnicas. Y no solo en el contexto de grupos de contacto. En aquellos años, mi exploración me llevó a incorporarme a diversas escuelas esotéricas. Aunque siempre estará acechando el peligro de sacar salvajemente de contexto valiosas enseñanzas espirituales y enredarlo todo con el fenómeno ovni, debo reconocer que hallé un punto en común entre la cosmovisión andina, la meditación oriental y el entrenamiento esotérico que viví desde dentro, en lugares tan distintos como los círculos de Paqos en Cusco, la Orden Rosacruz o el Cuarto Camino de Gurdjieff. Ese punto en común era la mutación de nuestra visión de la vida y la autorrealización del ser en comunión con el cosmos. En atender lo invisible más allá de nuestros sentidos físicos. En abandonar la «literalidad» del mundo que percibimos. Como ya dije, «aprender a ver y a escuchar». Desde esa consigna me metí de lleno en esa exploración durante largos años.

El autor en el parque Rosacruz, en la sede central de AMORC en San José, California. Fotografía del año 2000.

Soy consciente del tabú que existe en la ufología más acartonada sobre adentrarse en estas temáticas. Considero que es otro error. Un grave error. El fenómeno contacto va más allá de los ovnis y su posible origen extraterrestre. Es una catapulta de nuestra consciencia hacia otros mundos, pero interiores.

Desde un principio supe que mi experimentación e investigación del fenómeno no se anclaría en la clásica pesquisa de los no identificados, como reunir y divulgar fotografías, filmaciones, testimonios o documentos oficiales. Esa faena, sin duda, es muy importante y necesaria, pero sentí que había un territorio menos explorado, una selva tupida que muchos ufólogos miran de reojo y con desprecio. Claramente no desean meterse en el ojo del huracán del contacto. Y entiendo que no es un camino fácil. No obstante, si pretendemos ir más allá en este asunto será indispensable bucear en los misterios de la consciencia, los lugares de contacto y la existencia de otras realidades y líneas del tiempo. Sondear estas esquinas secretas del contactismo, sin duda, nos aleja de la zona de confort que representan las evidencias más tangibles del fenómeno. Nos obligará, inevitablemente, a explorarnos a nosotros mismos.

También es oportuno señalar que no he sido el primero en meter las narices en estos círculos esotéricos. Mis queridos amigos Fabio Zerpa —decano de la ufología sudamericana— y J. J. Benítez se iniciaron en su día en el rosacrucismo. También el mismísimo padre de la ufología, J. Allen Hynek, y su compañero de investigación el doctor Jacques Vallée fueron rosacruces. Todos ellos seguían propósitos diferentes y obtuvieron desiguales experiencias. Pero en esos valles caminaron. Hay, pues, mucha hipocresía en un sector del mundillo de los investigadores, que se escandalizan y alborotan cuando se examina el fenómeno contacto desde otras perspectivas.

De acuerdo con el ya mencionado Charlie Paz Wells, Rama basó sus técnicas de meditación y percepción extrasensorial en un sincretismo que reunía todo tipo de enseñanzas espirituales, entrenamiento autógeno, control mental (método Silva) e indicaciones extraídas de los mensajes de los «guías extraterrestres». Es más, en su libro *Sembradores de Vida* (Cone Editora, 1998), reconoce que la experiencia de contacto del ingeniero costarricense de comunicaciones Enrique Castillo Rincón fue una inspiración. Este caso de contacto había sido descrito en una conferencia del doctor Víctor Yañez Aguirre, médico ginecólogo del hospital de Polícia de Lima, parapsicólogo y miembro de la Sociedad Teosófica. Charlie y su hermano Sixto se hallaban en esa conferencia dictada en la sede del IPRI —en aquel entonces, localizada en el centro de Lima— a inicios de enero de 1974, es decir, días antes de que aconteciera el mensaje de Oxalc...

No me sorprende. El caso de Castillo Rincón es otro ejemplo de un «entrenamiento psíquico» para el contacto. Es oportuno recordarlo.

Pleyadianos

Corría el año 1963. En aquel entonces, Castillo Rincón ocupaba un empleo en el Departamento de Mantenimiento de Comunicaciones del ICE (Instituto Costarricense de Electricidad). Junto a dos ingenieros, con quienes se hallaba trabajando en las inmediaciones del volcán Irazú, Enrique distinguió un aparato de forma lenticular de 45 metros de diámetro y 12 metros de altura, evolucionando muy cerca de las montañas. El equipo de técnicos, ubicado a unos 3.342 metros sobre el nivel del mar, vio la nave con claridad. El impacto fue tremendo. Y era solo el inicio. El «asedio» de estos avistamientos continuaría en la vida de Enrique. Sentía que lo estaban «siguiendo».

En 1969, el ingeniero se encontraba residiendo al norte de Caracas. Una tarde de domingo decidió ir al teatro Canaima para disfrutar de la película *Barbarella*, un filme franco-italiano de ciencia ficción dirigido por Roger Vadim y protagonizado por Jane Fonda, quien hace de viajera espacial y representante del Gobierno de la Tierra Unida en un futuro distópico, en donde el mundo corría peligro ante la creación de un arma de destrucción masiva, el «rayo positrónico». En la taquilla, Castillo Rincón conoce a un suizo que dice llamarse Ciryl Weiss. Supuestamente, era un representante de una casa vendedora de artículos de tocador que abría operaciones en Venezuela. Entablaron amistad y se frecuentaron por un tiempo...

A finales de ese año 1969, Castillo Rincón vuelve a Colombia, en donde anteriormente había estado radicado por asuntos de trabajo. Su vida transcurrió entre emprendimientos empresariales, su investigación personal del fenómeno ovni y su fe religiosa. Enrique era mormón. En 1973, una llamada telefónica le dio el empujón decisivo. Una mujer, que se presentó con el nombre de Karen, acababa de llegar al país procedente de Buenos Aires y deseaba ponerse en contacto con Enrique. Karen era mexicana y aseguraba tener un mensaje de seres extraterrestres para el ingeniero. Le dijo textualmente: «Enrique, mis maestros me envían para preparar con ciertos ejercicios de concentración telepática tu comunicación con ellos». Así lo recuerda Castillo Rincón en su libro *Los ovnis: Gran Alborada Humana* (Norte y Sur, 1995).

Siguiendo esas instrucciones, la preparación psíquica del contactado costarricense empezó a tomar forma. La telepatía y la intención fraterna de comunicarse con estos seres animó a su grupo, que terminó obteniendo mensajes de los «emisarios de las Pléyades». Hay que recordar que este contacto se desarrollaba dos años antes de la sonada divulgación del expediente Meier, otro caso de presuntos encuentros cercanos con pleyadianos en los bosques de Hinwill, en Suiza. De esta forma, el equipo de Castillo Rincón concertó una «cita» para el contacto físico. Pero Enrique debía acudir solo. El lugar fijado por los extraterrestres era un bosque al pie de una laguna situada a las afueras de Bogotá. La fecha: sábado 3 de noviembre de 1973.

De acuerdo con Castillo Rincón, el contacto se produjo exitosamente, y pudo abordar, a través de un haz de «luz sólida», a manera de un ascensor de energía, la nave de los enviados de otros mundos. Esos seres altos y enfundados en trajes metálicos lucían muy humanos, salvo en algunos detalles. Uno de ellos se le acercó y se presentó con el nombre de Krisnamerck, asegurando que era el suizo que había conocido años atrás en Venezuela...

Krisnamerck, a diferencia de «Ciryl Weiss», tenía unos pómulos salientes, unos ojos asiáticos de color azul y unos labios muy delgados, casi inexistentes. El extraterrestre había adaptado parte de sus extraños rasgos para pasar desapercibido como un humano. Un «infiltrado»...

El autor en la laguna del cacique Guatavita, Colombia. Este cuerpo hídrico, emplazado en la cordillera oriental del país sudamericano, era sagrado para los muiscas, ya que allí se investía al nuevo *Zipa* o gobernante supremo que cubría su cuerpo íntegramente con oro en polvo como parte de un ritual que, con el tiempo, dio origen a la leyenda de El Dorado. Muchos ufólogos pensaron que fue en ese lugar donde Castillo Rincón tuvo su contacto con los supuestos pleyadianos. Guatavita es un enclave de contacto, sin duda, pero no fue ahí donde Enrique accedió a la nave. El lugar exacto se halla en la «región de las mantas» y permanece oculto. Fotografía del 2010.

Encuentros cercanos del quinto tipo

El asombroso caso de Castillo Rincón fue investigado por reconocidos estudiosos, entre ellos, el ya citado Fabio Zerpa. Y aquí debo añadir una información de gran relevancia: el verdadero origen del protocolo de preparación CE5 (de las siglas en inglés «Encuentros Cercanos del Quinto Tipo»). Si bien el doctor Steven Greer lo ha divulgado ampliamente en estos últimos años desde Estados Unidos, fue Zerpa, inspirado en el caso de Castillo Rincón, quien creó el término. Lo propuso el 24 de abril de 1977, en el marco de un congreso de ufología celebrado en Acapulco.

Entre los conferenciantes de ese gran evento en México se hallaban importantes investigadores, como Antonio Ribera, Pedro Ferriz, José Carlos Paz García, J. Allen Hynek, Jacques Vallée, Andreas Faber-Kaiser, Fabio Zerpa y el propio Castillo Rincón. Zerpa consideraba que la Clasificación Hynek de encuentros cercanos era insuficiente. Como recordamos, esta agrupaba los avistamientos (Primer Tipo); las marcas en terreno de los ovnis y otros fenómenos asociados, como efectos del objeto en el entorno (Segundo Tipo) y los encuentros directos con «seres animados» asociados al fenómeno (Tercer Tipo). Zerpa, entonces, propuso una tipología extendida para explicar otras experiencias con los no identificados, añadiendo un Cuarto Tipo que implicaba el acceso del testigo a la nave de los «visitantes» y un Quinto Tipo para estudiar los protocolos de comunicación telepática.

Subrayo que estos protocolos de comunicación extrasensorial han existido desde el inicio del contactismo. Aunque por sí solos no aseguran el enlace con «ellos» —siempre hay que considerar la minuciosa agenda que siguen estos seres—, constituyen una poderosa herramienta de exploración de otras realidades, exteriores e interiores.

Lo comprendí de inmediato. Tenía que aceptar el fenómeno que estaba viviendo y enfrentarlo...

Capítulo 4

EXPLORAR EL FENÓMENO

Y, entonces, aceleré mis indagaciones. Cargado de cuantiosas preguntas, pero también de desbordante entusiasmo, participé de todas las instancias de preparación que se fomentaban en aquel momento en los grupos de contacto de Lima. Con viejos amigos del barrio y algunos compañeros de la carrera de Mercadotecnia, como mis recordadas Blanca Valdivia y Fiorella Pita Rainuzzo, me sumergí en la profundidad de las aguas del contactismo. Fue una época de inmensos cambios para mí. Al meterme de lleno en ese enmarañado bosque, como era de esperar, no todos mis jóvenes amigos me acompañaron. Les resultaba una pérdida de tiempo sacrificar nuestros sagrados fines de semana para empolvarnos en el desierto de Chilca o pasar frío en la gélida altiplanicie andina de Marcahuasi.

Mis intereses se modificaron tanto que al final de la carrera decidí abandonarla para mudar mis estudios hacia la Arqueología, que pensaba cursar en la Facultad de Letras y Ciencias Humanas de la Universidad Católica. Pero tuve que declinar esta posibilidad por un pedido especial de mi padre. Perú atravesaba una dura crisis económica y mi familia se estaba hundiendo en las deudas. Para colmo de males, el Gobierno intervino una institución financiera, haciendo perder todo el dinero a sus ahorristas, entre ellos mi padre. De un momento a otro, mi familia, de clase media con ciertas comodidades, se quedaba sin nada. Tenía entonces la disyuntiva de seguir con mis planes por mi cuenta, pagándome yo mismo de alguna forma los estudios de una nueva carrera, o renunciar a esa idea para ayudar a mi familia en la desesperada situación. Opté por lo segundo. Y no me arrepiento.

Gracias a las amistades y las buenas relaciones de mi padre, fui contratado como visitador médico para un laboratorio internacional que iniciaba operaciones en Lima. No era lo que imaginaba y quería, pero lo acepté. Allí fui entrenado como un divulgador científico que debía entrevistarse con cientos de profesionales de lamedicina de distintas especialidades. Fue mucho lo que aprendí y gracias a esa profesión pude ayudar, durante varios años, a pagar las deudas de mi padre, que había entrado en un proceso de depresión y alcoholismo por la crisis. No lo quería dejar solo en esa batalla.

Y en este contexto hubo otro guiño del «Imán Cósmico».

Cuando empezaba mi trabajo en el mencionado laboratorio, en el aula de entrenamiento me tocó sentarme al lado de un odontólogo que también se iniciaba en esa industria. Era casi veinte años mayor que yo y, rápidamente, surgió entre nosotros un vínculo de confianza y amistad.

Grande fue mi sorpresa cuando descubrí que Guillermo López Paz-Vergara había sido parte de Rama desde 1974. Fue el coordinador nacional del grupo...

—No obstante, ahora estoy alejado —se apuró en explicarme, en un tono muy reflexivo.

—¿Qué te llevó a distanciarte? —le pregunté.

—El contacto con esos seres es real, Ricardo, yo mismo los he visto. Pero di un paso a un lado tras un encuentro mundial de Rama en Cusco, en 1990. La lucha de egos y competencias absurdas me terminaron de confirmar que hasta allí había llegado mi camino, al menos en ese círculo.

Le escuché atentamente y le interrogué sobre su contacto físico, que había ocurrido en el desierto de Chilca a mediados de los años ochenta. Según López, él no se lo esperaba. Mientras sus compañeros del grupo hacían una caminata nocturna para explorar la zona y ver qué podían percibir, él se había quedado descansando en el campamento, fuera de la tienda. Entonces se percató de una silueta luminosa que caminaba en su dirección.

Sorprendido, la escudriñó con atención y pudo discernir que no se trataba de ninguno de sus amigos.

Era un ser luminoso el que se aproximaba. Según él, el «visitante» vestía una suerte de túnica blanca y, cuando se colocó frente a él, pudo constatar que su rostro era humano, un hombre de aspecto oriental de largos cabellos rubios, casi canos, que le llegaban a los hombros. La entidad se identificó como Oxalc y le dijo telepáticamente: «Mientras tus compañeros están buscando una experiencia con nosotros, tú la tienes ahora mismo aquí conmigo. Deben comprender que no todos podrán conocernos físicamente», sentenció el ser antes de marcharse.

Cuando sus amigos volvieron al campamento base, hallaron al querido «Willy» López sumamente conmocionado. Allí les narró la experiencia y les indicó por dónde había llegado Oxalc. Los muchachos, inmediatamente, fueron a inspeccionar la zona señalada y en ella descubrieron unas extrañas huellas luminosas que bajaban de un cerro en dirección al campamento...

—Quiero darte algo —me dijo el siempre afectuoso Willy al terminar su relato—, pero necesito que vengas a buscarlo a mi casa. Es muy voluminoso.

Coordinamos y un fin de semana me personé en su domicilio del barrio Los Olivos. Un largo viaje que valió cada segundo de mi tiempo: López me entregó todo el archivo de los grupos Rama que había recopilado de 1974 a 1990. Comunicaciones, boletines, artículos, mensajes internos, cartas y correspondencias internacionales, una verdadera caja de Pandora.

—Llévate todo. A ti te resultará más útil —sentenció.

El material fue crucial para mí. Gracias a este minucioso compendio pude echar un primer vistazo a los «detalles humanos» tras el contacto de 1974. Un anticipo de lo que viviría en carne propia...

Ya volveré a este asunto más adelante.

Aquella nostálgica década de los años noventa fue el cimiento de mi camino personal. Me había entregado, pues, de lleno, a la experimentación de este fenómeno. Prácticamente, todos los fines de semana participaba de salidas de campo y viajes de investigación alrededor del Perú. Aunque con el sesgo de mi preparación en los grupos de contacto a cuestas, acumulé experiencia dialogando con testigos humildes de los no identificados en regiones aisladas de los Andes o en la selva amazónica.

Un mundo nuevo se abría ante mí y le daba significado a todo cuanto había vivido desde niño.

Campamentos de autocontrol

Dentro de la preparación sugerida por los «guías extraterrestres» se hallaban las salidas al campo de autocontrol. Consistía en acudir, solos, a un punto alejado de la ciudad, un espacio que garantizara nuestra intimidad en la naturaleza, y permanecer allí, como mínimo, una noche. Para este experimento Chilca nos resultaba el lugar ideal. Estaba a una hora en coche de la ciudad de Lima y ofrecía escenarios totalmente deshabitados en su desierto e incluso en la playa. Me decanté por la segunda opción para mi primer «autocontrol».

De esta manera, un día del verano de 1994 llegaba con mi tienda de campaña a la playa Las Brujas, llamada así por los pescadores a causa de los supuestos sucesos de firma paranormal que se habían registrado en sus grutas y cuevas. Sospechaba que tras esas historias anidaban otro tipo de fenómenos, más vinculados a los ovnis que a otra cosa. Chilca tiene viejas historias con los no identificados y muy anteriores a Rama. Armé mi tienda de campaña tipo canadiense —que pesaba horrores por sus varillas de hierro; eran otros tiempos—, y me senté en su puerta mirando el mar, aguardando el atardecer.

Disfruté el cielo encendido en fuego, pero, cuando asomó la noche, una rara sensación de nerviosismo me invadió. Mi fascinación de hallarme allí, solo, en medio de una amplia y hermosa playa, se había transformado en una sensación incómoda de inseguridad y miedo. ¿Miedo a qué? ¿A que un inesperado ladrón brotara de la nada para robarle una tienda a un «mochilero»? No había poblados en mi inmediata cercanía. En aquellos años, la playa era un lugar despojado de viviendas, muy retirado. Desde la Panamericana Sur, en donde nos dejaba el bus, teníamos que caminar cerca de cuarenta minutos para adentrarnos en la media luna de arena al pie de la cueva. No, un ladrón era una idea improbable. ¿Tenía miedo a un contacto físico con «ellos»? Lo pensé. Sin embargo, aunque una corriente de energía sacudía mi columna cada vez que lo consideraba, no era miedo. Tras una larga reflexión concluí en algo monstruoso: tenía miedo de estar solo.

Si bien cuando era niño me perdía en los bosques y cerros del club campestre, caminando y explorando —con la consecuente angustia de mis padres—, nunca antes había estado tanto tiempo a solas, en silencio, en un lugar aislado. Aquello era completamente diferente.

No me lo pensé mucho: fui un cobarde y decidí entrar en la tienda de campaña. Me dije: «Ya está, ya reflexioné muchas horas, dormiré y mañana será otro día». Y cuando me disponía a meterme en el saco de dormir, un ruido dentro de la tienda me alertó. Algo se movía y no podía distinguir qué ocasionaba el alboroto. Tomé mi pesada y larga linterna y entonces lo descubrí: un enorme escorpión. Nunca antes había visto un escorpión de ese tamaño en la playa. Parecía sacado de un documental de *National Geographic*. Pese a mis esfuerzos no lo podía volver a encontrar para atraparlo y expulsarlo de mi tienda. Para colmo de males, se apagó la linterna y como buen *amateur* no había llevado baterías de repuesto. Todo un desastre. Sin más remedio, saqué de la tienda el saco de dormir, lo sacudí y me preparé para dormir fuera.

Y fue en ese momento cuando se hizo presente una singular niebla, muy distinta a la clásica bruma del mar. Caminé hacia ella y al estar dentro pude constatar que no presentaba humedad. Sorprendentemente me hallaba en un ambiente seco, ligeramente luminoso y de temperatura agradable. En medio de esa experiencia tuve una visión en la que me encontraba con uno de los «guías extraterrestres». Era el ya citado Oxalc, que me recibía dentro de una nave que parecía estar construida de cristal. No era una experiencia «física», sino una poderosa imagen, casi «real», que había disparado la «niebla».

En esta especie de realidad virtual, el extraterrestre me dio algunas indicaciones sobre viajes y experiencias que iba a afrontar a corto plazo, y hasta me tranquilizó al hablarme de mi hermana menor, Mariella, que se había quedado preocupada por mi solitario viaje a Chilca. «Le haremos saber que estás bien, que te encuentras con nosotros», me afirmó.

Dialogando sobre esta experiencia con mi entrañable Luz Castilla, una antigua componente del grupo de contacto, pero paralelamente una aguda investigadora, concluimos que podía haber afrontado un Xendra: una puerta entre las dimensiones que los extraterrestres pueden generar artificialmente. Estas concentraciones de energía, de acuerdo con los protocolos de contacto, son distintas en su naturaleza. Algunas tienen efectos sutiles y actúan como disparadores de la consciencia y otros «portales» se acercan, y mucho, a lo que un humano podría entender o interpretar como una experiencia «física». Lo cierto es que lo vivido en la playa fue el primero de otros campos de fuerza que cruzaría, incluso acompañado de otras personas, en donde todos «veíamos» y «escuchábamos» lo mismo.

Los fenómenos de umbrales en el espacio-tiempo en salidas de campo están descritos desde los inicios del contactismo moderno, pero, sin duda, fue Rama quien los popularizó. Mi experiencia de autocontrol previa a este contacto me recordó uno de los primeros mensajes de los extraterrestres: «No nos presentamos porque ustedes aún no saben controlar sus emociones». Menudo aprendizaje.

A partir de ahí, mis solitarios viajes a esa misma playa, al desierto o a las montañas se incrementaron. Pero no buscaba nada. No me había obsesionado con ese fin. Y mucho menos perseguía un nuevo contacto. Sencillamente había aprendido a valorar esos momentos. Podía pasar hasta una semana solo en el desierto disfrutando del silencio y de la meditación. En algunas ocasiones, me permitía escuchar música —en mi entrañable *walkman* Sony WM-SX34—, tumbado boca arriba sobre el saco de dormir para disfrutar de las noches estrelladas del desierto. Admiraba el lienzo cósmico con las melodías de Vangelis, Jean-Michel Jarre, Isao Tomita o Kitaro. Era muy feliz en esos espacios de profunda intimidad y comunión con las estrellas. Hay que vivirlo para intentar entenderlo. Los humanos nos hemos acostumbrado al ruido permanente y a la sobreestimulación de nuestra estresada sociedad moderna. No sabemos lo que es estar a solas por un tiempo prolongado, sin nada ni nadie a nuestro alrededor. Somos unos grandes desconocidos para nosotros mismos. ¿Y así pretendemos un contacto con inteligencias no humanas de otras realidades? Estas poderosas experiencias hicieron añicos mi paradigma mental...

La inolvidable medialuna de arena en la playa Las Brujas, de Chilca, un espacio de contacto al lado de las grutas. En la imagen se aprecia la tienda de campaña, tipo canadiense, que el autor usaba en esa época. Hoy se ha transformado en una playa privada con proyectos inmobiliarios. Fotografía de 1993.

Por cierto, cuando volví aquella vez de la playa Las Brujas, ya en casa, mi hermana adolescente me comentó que había «soñado» con un ser que se le presentó en su mismísimo dormitorio. La calmó y le dijo que se llamaba Oxalc. Y le afirmó que me encontraba bien y con él en ese momento.

Erjabel

En esos intensos años de ensayos, experiencias y comprobaciones en el ámbito contacto, participé en la creación de un grupo de trabajo para profundizar en nuestros objetivos. La mayoría ya llevábamos algún tiempo en este asunto, pero no superábamos los veinte años. Los más jóvenes, de hecho, eran quinceañeros. Le llamamos Grupo Anrrom. *Anrrom* era una palabra citada en los mensajes de los extraterrestres para definir un momento de gran claridad, consciencia y transformación de la humanidad en el «desenlace futuro». El día del «conocimiento total». El Or Gadol.

Nos reuníamos cada fin de semana en el comedor de mi casa en Orrantia del Mar y, en algunas ocasiones, en el cercano parque Acosta, que teníamos a solo dos manzanas. Todos éramos muy amigos y pasábamos momentos de mucha alegría. Entretanto, seguía frecuentando el grupo base de contacto Rama en su local de Surquillo. En una de sus reuniones ocurrió algo sumamente extraordinario.

Sol en el parque Acosta de Orrantia del Mar. En ese barrio, Ricardo recibirá el «primer mensaje». Fotografía del 2022.

Una señora de mediana edad, miembro novel del grupo, llegó con una dolencia estomacal que la tenía muy preocupada. Había ido al médico de guardia y no se pudo identificar el problema. Le recetaron calmantes y le sugirieron que pidiera cita con un especialista en gastroenterología. Tal vez era una gastritis nerviosa o una infección por la bacteria *Helicobacter pylori*, le dijeron. Norma (me reservaré su apellido) estaba acongojada e intranquila por la incertidumbre.

A petición suya, pusimos en práctica algunos conocimientos sobre «sanación energética», descritos por los extraterrestres en los mensajes. Sin mayor demora, formamos un círculo alrededor de Norma y colocamos las palmas de las manos en dirección a su abdomen con la intención de irradiarle. Según «ellos», no se debe emplear nuestra energía personal para este tipo de trabajos; solo teníamos que actuar como medio o canal de fuentes poderosas de radiación. Para tal fin, a través de una serie de ejercicios de respiración y concentración mental, se evocaban las copiosas fuentes del universo. Luego esa «energía» era reenviada al cuerpo de Norma para colaborar con el reordenamiento de cualquier asimetría que pudiese estar provocando la enfermedad. Devolverle la firmeza a su cuerpo sutil. No en vano la palabra «enfermedad» procede del latín *infirmitas* y significa «ausencia de firmeza». Aclaro que este tipo de prácticas nunca fueron enfocadas como un reemplazo de la medicina convencional, sino como un complemento que pudiese ayudar en el bienestar espiritual de la persona.

Y en medio de este trabajo tuve una poderosa «visión».

Un ser de aspecto nórdico, calvo y espigado, que se presentó telepáticamente con el nombre de Erjabel, de Alfa Centauri, me pidió que no le hiciéramos más «irradiaciones» a Norma porque ella no estaba enferma, sino embarazada. Me dijo que esperaba un niño y que nacería a los siete meses. Casi palmo de la impresión. Cuando compartí la experiencia con el grupo, como podrá imaginar el lector, se armó una encendida controversia. Y peor aun cuando Norma, atónita, nos dijo que era imposible, ya que ella no podía tener hijos. Era estéril.

«¿Estás seguro?», me preguntaban Edgar Concha y Freddy Anci, presentes en la reunión. Me reafirmé en mis dichos. La «aparición» del ser y su mensaje habían sido contundentes, un hecho rotundo y categórico. No tenía duda.

Finalmente, Norma estaba embarazada... Y, tal y como había anunciado el misterioso Erjabel —un ser que ya se había presentado en los grupos de contacto como un «guía técnico» especializado en biología y campos de energía aplicados a sanación—, nuestra amiga tuvo a su hijo a los siete meses del sorprendente embarazo. Por pedido de Norma, fui el padrino de bautismo.

Lo sé, resulta increíble. Este es uno de tantos casos inexplicables a los que me he enfrentado. Mi mente seguía aprendiendo a pasos agigantados, desmoronándose y volviéndose a reconstruir...

Pero aún no lo había visto todo.

Con parte del joven grupo Anrrom en la meseta de Marcahuasi. González Corpancho aparece en el extremo derecho de la imagen. Fotografía de 1994.

En aquel tiempo, en pleno auge del grupo de trabajo Anrrom, mi madre enfermó. Empezó con un leve dolor abdominal, pero cuando este arreció, al punto de doblar su cuerpo por los espasmos, mi padre la llevó a Urgencias y los médicos del hospital Rebagliati Martins le encontraron un tumor maligno muy importante en el colon. Extirparon todo lo que pudieron, sin embargo, parte del cáncer ya había tocado el páncreas. El cirujano Marco Lanata, con franqueza, nos dijo a mi padre y a mí que el panorama era complejo. Que intentarían eliminar lo que había quedado del tumor con quimioterapia. Pero había una gran posibilidad de que mi madre partiera en unos tres meses.

Mi padre, que venía del golpazo de las deudas y de haber perdido todo el patrimonio material, fue fulminado con esta noticia. El toque de gracia del «destino» estando ya él de rodillas. En ese momento vi cómo mi familia terminaba de destruirse emocionalmente. Mi madre era el sostén espiritual. Su fe y su enorme vocación de servicio siempre nos habían cautivado a todos. Era el «ecualizador» del hogar. Mi padre, sin ella, veía asomarse el abismo, y el resto de la familia también.

En medio de esta desesperada situación, por primera y única vez en mi vida, decidí pedirles ayuda directa a «ellos». Nunca les he solicitado intervenciones de esta índole para mi círculo familiar. Tenía muy claro que operar en la «línea de tiempo» de un humano es un tema delicado. Es decir, inmiscuirse en su «acuerdo de vida». Aunque al mismo tiempo me preguntaba: ¿El «destino» es inamovible? ¿Lo que ha sido programado no tiene margen de modificación en circunstancias excepcionales?». Dejando a un lado las paradojas y los efectos mariposa que supone afectar el *continuum* de un humano en la Tierra, tenía la esperanza de que había alguna posibilidad, una cláusula en el «contrato» de mi madre. Sé que puede sonar a locura, pero estaba convencido.

Hice una consulta en comunicación y el propio Erjabel me dijo: «En esta ocasión podremos intervenir porque tu madre, aun sin saber de nosotros, abrió una puerta para ser asistida. Ella ha comprendido el porqué de su situación y así podemos entrar. Pero nosotros no decidimos, solo operamos siguiendo leyes superiores que, en esta especial circunstancia, se ajustan». Estupefacto y conmovido, les pedí sin mayor demora una confirmación física. No quería que mis sentimientos estuviesen generando un «mentalismo», un pseudomensaje para tranquilizarme y ofrecerme una promesa, un clavo ardiendo al cual asirme. «Ellos» accedieron y acudí con mi grupo y algunos familiares al desierto de Chilca para el avistamiento con cita previa. Y, a la hora exacta marcada por el mensaje, aparecieron.

Fue tan contundente que la presunta nave —una masa de luz

blanca volando a baja altura— cambió de color todas las veces en que se lo pedimos a gritos. Dorado, rojo, azul, verde... El ovni respondió a nuestros caprichos. Pocas veces he visto una demostración así. Y, mientras esto ocurría, mi madre, en el hospital, soñaba con un objeto con forma de caparazón de tortuga que se le colocaba encima y le irradiaba una luz verde...

Cuando me narró su experiencia, aluciné. Recordé de inmediato que, al volver de Chilca —en un destartalado bus maleño que nos dejaba en la estación del centro de Lima—, durante el camino una joven se subió y se sentó a mi lado. Acto seguido, en su regazo acomodó a su peculiar mascota: una tortuga... Otra vez los guiños del «Imán Cósmico», aunque se me acuse de pensamiento mágico. No me importa a estas alturas....

Mi madre se recuperó rápidamente. Los médicos, boquiabiertos y patidifusos, tuvieron que interrumpir las primeras sesiones de quimioterapia. Todos los exámenes les daban valores de una persona totalmente sana. Las concentraciones de antígeno de carcinoembrionario marcaban cero de neoplasia...

—Me da igual si ayudó tu fe, tu creencia en los ángeles o en Dios, o si efectivamente intervinieron los extraterrestres. Es lo de menos, mamá. El resultado es que estarás un tiempo más entre nosotros —le dije emocionado a la «Corpanchito» (como llamaban a mamá en los días del colegio por su peculiar apellido). Mi amada Carmencita sonrió. Sin duda, se había iniciado otra etapa en nuestra familia.

¿Qué habría ocurrido si ella hubiese partido en ese momento? ¿Mi camino en el contacto se ponía en riesgo si se desencadenaba el caos en la familia? ¿«Ellos» lo sabían?

El autor con sus padres. Fotografía tomada en Lima, 2022.

Capítulo 5

EL PRIMER CONTACTO FÍSICO

«Comparte todas estas cosas, amor, son importantes —me aconsejaba mi atenta esposa Sol con vigorosa insistencia cuando le esbocé la idea original de este libro—. Vas a cumplir cincuenta años, más de treinta de ellos viviendo e investigando estas experiencias. Los detalles de lo que has vivido serán valiosos para quienes te lean», apuntó mientras preparaba otra ronda de mate en una soleada mañana en nuestra casa de Argentina. Y remató diciendo: «Sé que no te gusta repetir en tus escritos y conferencias cómo empezó todo para vos, porque siempre te lo preguntan, pero hay una infinidad de sucesos que la gente desconoce sobre tu proceso. Pienso que en ellos hay grandes lecciones».

Mi compañera de vida tenía razón. Y este rebelde asintió con la cabeza.

Ya con mi madre totalmente recuperada, mi familia siguió adelante. Materialmente, lo habíamos perdido todo, incluida la casa. En ese momento, sin mayor alternativa, tuvimos que pagar un alquiler. Mis padres terminaron, incluso, vendiendo el coche, la membresía en el citado club El Bosque —donde tuve mi primer avistamiento—, y, entre otras cosas, buena parte de la costosa biblioteca. Creo que fue lo que más me dolió. Recuerdo que tuve que negociar con mi padre qué libros de esa colección tenían que ser preservados. Apunté especialmente a los volúmenes relativos a arqueología e historia, una clara influencia de nuestro «tío» Juan Mejía Baca, director de la Biblioteca Nacional de Perú. Hice bien. Conservo esos libros en Lima. Pero, a pesar de todo este vaivén, me encontraba fuerte y tranquilo. Mi exploración en la ufología y los grupos de contacto se mantenía incólume. Y los mensajes telepáticos y avistamientos de confirmación —cuando era estrictamente necesario— continuaban. El Grupo Anrrom, después de tres inagotables años de trabajo, se disolvió, aunque continuamos con una linda relación de amigos.

A inicios de 1997 empecé a reunirme con otro grupo de trabajo, conformado por antiguos miembros del IPRI y de Rama, el legendario grupo Maranga. Hasta el día de hoy mantenemos un poderoso lazo de amistad. Aprendí mucho de ellos. Juntos hemos afrontado extraordinarias experiencias de contacto en Perú y en otros países. Vivencias imborrables. Y sería ese año cuando llegaría el momento de conocer, físicamente, a los esquivos «guías extraterrestres»... Uno nunca está listo...

Un ovni fortuito es capturado en el lago Titicaca en esta fotografía de 1994. En la imagen, González Corpancho y M. M.

Con el grupo Maranga, en el desierto de Chilca. Fotografía del 2012.

Respetaron mis miedos

Estoy seguro de no equivocarme al decir que para el común de la gente que se interesa en los «no identificados» un contacto físico extraterrestre es sinónimo de una abducción. Léase el rapto o secuestro por parte de entidades no humanas que, casi siempre, son descritas como criaturas de enorme cabeza, ojos negros también inmensos y pequeño cuerpo de piel gris. Por ese aspecto se les conoce en círculos ufológicos como «grises» (*greys*, en inglés). La popularidad de este tipo de incidentes ha confundido a tal nivel a la prensa amarillista que, al presentar a un testigo de contacto, sea cual sea su experiencia, le acuñan el término de «abducido». Sin duda, el cine y un sinfín de campañas de desinformación han caricaturizado los encuentros cercanos.

No fue eso, ni por asomo, lo que viviría el 30 de agosto de 1997 en el desierto de Chilca. Allí fui citado telepáticamente por Antarel, miembro del equipo de extraterrestres de Alfa Centauri que detallo en mi ya citado libro *Tierra II*. Antarel me había recomendado que acudiera solo a su encuentro. Pero dos antiguas compañeras de la carrera de Mercadotecnia se enteraron de la «invitación» del extraterrestre y se colaron en el viaje. Las ya mencionadas Fiorella Pita Rainuzzo y Blanca Valdivia no querían que me adentrara sin compañía en el desierto. No querían dejarme solo en una situación así. Protesté, sin embargo, fue en vano. Viajamos los tres. A continuación, transcribo el informe original de esa indeleble experiencia.

> Habíamos recorrido en una hora y media, vía Panamericana Sur, los 63 kilómetros que separan Chilca de la ciudad de Lima. Alrededor de las cuatro de la tarde ya nos hallábamos entrando en el desierto, el cual se ubica a unos 15 kilómetros de la carretera, en dirección al este montañoso. En cuanto llegamos al sector planificado del campamento, percibimos una clara presencia, como si alguien invisible estuviese allí, observándonos. Esa «sensación», tal vez subjetiva para el lector, fue muy contundente en los tres expedicionarios. Es un fenómeno muy característico en las experiencias de contacto.
>
> Aún no había caído la noche cuando fuimos testigos de los primeros avistamientos. Los tres acampantes observamos cómo esos brillantes objetos se desplazaban, una y otra vez, sobre la zona que habíamos elegido para montar nuestras tiendas de campaña. Inmediatamente siguieron unos poderosos resplandores de luz plateada que iluminaron el pedregoso suelo del desierto como si fuese de día. Y poco después pudimos observar el espectacular acercamiento de numerosas sondas, aquellos «ojos electrónicos» que estos seres emplean para tomar información en el terreno sin comprometer sus naves. Esos pequeños objetos se acercaron mucho, al punto de moverse a ras del suelo. Es importante señalar que estas sondas o «caneplas», como se las conoce en el argot del contactismo, explican la mayor parte de observaciones ovni. Habitualmente, cuando un testigo las ve operar a distancia, supone que está ante una «nave tripulada», pero, en realidad, se trata de objetos que no superan el metro de diámetro. Nunca antes había visto tantas manifestaciones en una sola noche. Debo reconocer que la presencia que allí se dejó sentir nos produjo una conmoción, una especie de temor, aunque no sentíamos que fuera ante «algo» ne-

gativo, sino una extraña sensación ante lo inexplicable y desconocido.

Fue en ese instante en que recordé para qué nos hallábamos en el desierto. ¡En medio de todo aquello casi había olvidado la cita para el contacto físico! Sorprendido, retiré de mi mochila el mensaje psicografiado que hablaba de la invitación, y en cuanto tuve el olvidado papel en la mano —debo confesar que con un evidente temblor en mis dedos—, leí asombrado la hora fijada para la supuesta experiencia: las diez de la noche. Según mi reloj, en aquel momento faltaban solo treinta minutos. ¡No podía creer que estuviera a punto de concretar el encuentro cercano! Era evidente que todo seguía su curso. Las repetidas manifestaciones de «ellos» estaban confirmando la operatividad del contacto.

En vista de las apremiantes circunstancias procuré ordenarme —ante lo que aún consideraba «improbable»— y enseguida me alejé de la zona en donde levantamos el campamento. Aquellos seres me habían pedido expresamente que me acercara sin acompañantes. Prefieren actuar con testigos solitarios y, en circunstancias excepcionales, con grupos pequeños capaces de mantener el equilibrio frente a un contacto directo.

En ese momento, al verme solo en medio del desierto y ante la posibilidad de un encuentro físico con extraterrestres, me descubrí inquieto, exaltado y sorprendido. No me había preparado lo suficiente por haber dudado inicialmente de la invitación. Lo admito. Pero, sea como fuera, había decidido enfrentar la coyuntura y seguir adelante. Caminé casi sin rumbo, tratando de imponer mi intuición y mi sentido común para actuar de la mejor manera cuando, de improviso, cayeron sobre el desierto unos poderosos fogonazos. Esos gigantescos resplandores se concentraban en un paraje concreto. Me marcaban, sin lugar a duda, un sector del desierto al que debía acudir. «Supe» entonces que se me estaba dirigiendo hacia ese punto, situado al lado de una cadena de cerros que atravesaba la quebrada. Temblé de pies a cabeza. Aunque intenté continuar. Y cada 10 metros que avanzaba tenía que detenerme para hacer respiraciones lentas y profundas. Tenía el corazón latiendo a mil.

Aquí haré un necesario paréntesis sobre el «miedo». ¿Por qué ocurre?

El miedo está en el cerebro y tiene diferentes lecturas según la sociología, la psicología, las neurociencias y la biología. Pero hay un consenso en que esta angustia, sea ante un peligro real o imaginario, podría ser, en determinadas circunstancias, un mecanismo de protección. No en vano es una emoción primaria propia de los animales ante un riesgo o posible amenaza. En los humanos no es muy diferente. En los encuentros cercanos, como ya dije, se activa ante la incertidumbre frente a lo desconocido. No se trata de un «miedo aprendido». Ahora bien, si ese miedo nace desde dentro con una fuerza incontrolable, transformándose en un terror que invita a huir del lugar presintiendo una amenaza a la integridad física, estamos hablando de otro escenario que no ha sido, desde luego, mi caso.

¡Plaaaanck!, de pronto un golpe metálico me sacó de mis cavilaciones, dejándome de una pieza en medio de la oscuridad y la soledad del desierto de Chilca. ¡Plaanck!, ¡Plaaaanck!, seguían sonando los golpes acompasados, que parecían venir en mi dirección. Aquel sonido metálico, que por momentos eran golpes para luego convertirse en una especie de zumbido o «viento metálico», no provenía de ningún mecanismo que pudiese asociar a una nave. Aquel fenómeno era un efecto que «ellos» causaron en el desierto al presentarse. Hoy estoy seguro de que se debió a una singularidad electromagnética. De hecho, he vuelto a escuchar ese zumbido en otras experiencias de contacto e incluso lo he identificado en algunos vídeos asociados al fenómeno The Hum que se ha reportado alrededor del mundo.

Entonces, el corazón se me apretó en la garganta cuando observé a una «persona» altísima acercarse a mí. ¿Era quien originaba el zumbido? Según lo que calculo, al llegar a unos 30 metros de donde me encontraba, el extraño visitante se detuvo. En ese instante tuve toda la impresión de que había detectado mi desconcierto y por ello no se animó a aproximarse más. Él me podía «sentir» a distancia...

Por más que intentaba escudriñar detalles de su apariencia no logré verle con claridad, allí en medio de la oscuridad de la noche.

Fue así que en un momento determinado me dije: «Vamos, te estás imaginando cosas por el miedo. No hay nadie ahí». Y como si el visitante me hubiese escuchado, dejó que un anillo de luz blanca se encendiese en el lugar en donde se hallaba de pie, recorriendo su cuerpo de abajo hacia arriba, iluminando esa zona para que lo viera con gran nitidez....

Parecía un hombre joven, de bellos rasgos, vestido con un traje plateado que se hallaba bien ceñido a un cuerpo atlético y de hombros un poco desproporcionados. Solo sus manos y su rostro estaban descubiertos, dejando apreciar una piel clara muy limpia. Tenía en verdad una gran estatura. Puedo afirmar que llegaba a medir casi unos tres metros. Conocemos ese sector del desierto de Chilca como la palma de la mano. Cada camino afirmado, cerro o depresión en el terreno. Antarel, al iluminarse, reveló su ubicación aproximada y ese contexto me permitió estimar sin dificultad que era un gigante. Habituados a ver a miembros del grupo moverse por allí, incluso por la noche, no fue difícil calcular la enorme estatura del extraterrestre. En posteriores experiencias de contacto el propio Antarel precisó que medía 2,72 metros.

—¿Quién eres? —hablé en voz alta, intentando enfrentar la situación.

—Antarel —afirmó una voz que encontré hermosa y confiable. Esa «voz», clara y profunda, aunque con cierta resonancia metálica y sin acento, la escuchaba, en realidad, dentro de mi cabeza. Por ello estimo que fue una conexión telepática.

—¿Cuál es el objetivo de esta experiencia? —le pregunté a aquel gigante que encontraba familiar y comprensivo.

Como respondiendo a mi pregunta, el autodenominado Antarel alzó lentamente su mano derecha, señalando la zona en donde se producían, insistentemente, los fogonazos de luz. Era el lugar que había interpretado minutos atrás como el cuadrante del contacto. Entonces, en medio de una neblina concentrada solo en aquel sector, asomó una nave que parecía flotar a unos 40 metros del suelo. Era como una gran campana de boca ancha, envuelta en una tenue luz amarillenta. Inmediatamente, Antarel me explicó que venía a mi encuentro para llevarme hacia esa «nave», ya que en ella se desarrollaría la verdadera experiencia. ¡Me estaban invitando a subir a uno de sus aparatos!

Luego siguió un tenso silencio, producto de mi inseguridad al no saber si podría afrontar con madurez y el temple suficiente semejante situación. El humanoide, callado y de pie, esperaba una respuesta de mi parte. Apreté los puños y agaché la cabeza. Lo sabía: no me encontraba preparado. Y me dolía reconocerlo. Al cabo de unos instantes que me resultaron interminables, levanté la vista y armándome de valor me dirigí al gigante que se hallaba frente a mí, atento y expectante, para decirle lo que sentía, pidiéndole disculpas por mis cuestionamientos y falta de preparación. Fui muy sincero al decirle que no podía continuar con el contacto programado....

—Lo más importante —me contestó— es que ahora sabes la importancia de estar realmente preparado. No te sientas mal, comprendemos y respetamos tu decisión. Pero te decimos que regresarás para concretar lo que quedó pendiente. Ve tranquilo y no comentes esta experiencia hasta que te digamos el momento.

Fue increíble «escuchar» aquello. Las palabras de Antarel estaban tan cargadas de «comprensión» que me emocionaron sobremanera en aquel instante. ¿Cómo es posible que un ser de otro mundo emane sensaciones tan «humanas»? Pude sentir con fuerza su «cariño» y respeto. Aunque suene descabellado, este primer encuentro fue como hablar con un amigo de siempre. Nunca podré olvidar esa voz tan clara y suave, que transmitía tanta paz y seguridad.

Entonces me despedí y regresé por donde había venido, tropezando una y otra vez con las numerosas piedras que se hallan regadas por el accidentado suelo del desierto. Volvía apurado y sin prestar mucha atención al camino. Estaba muy impresionado, en *shock*. Los fogonazos continuaban, y dos sondas, que inicialmente me escoltaron a distancia hasta que Antarel apareció, se elevaron a gran velocidad para perderse entre las bajas nubes.

Al volver al campamento base encontré a Fiorella y a Blanca dentro de la tienda de campaña. Habían decidido meterse allí porque no sabían cómo manejar sus emociones ante todo lo que estaba sucediendo en el desierto. Entonces les expliqué lo que había

> ocurrido y, para mi sorpresa, ellas también experimentaron una comunicación mental con el extraterrestre, quien les llegó a decir que no tuviesen miedo (!). Por si esto fuera poco, y para coronar la situación, en el mismo lugar donde yo había visto la nave se encendió una poderosa luz naranja-dorada, concentrada, que se elevó por encima de las crestas de los cerros, alejándose hacia el este, en dirección a los Andes, con un movimiento propio de una hoja seca mecida por el viento.
>
> Los tres vimos la nave marcharse, envuelta en esa energía, y en ese instante ya no pude contener las lágrimas (desierto de Chilca, 30 de agosto de 1997).

Tenía veintitrés años cuando viví en mis carnes esa increíble experiencia. Si bien en 1996 ya había enfrentado un insólito encuentro con un «mensajero» de una supuesta civilización subterránea, un hombre de rasgos orientales y vestimenta exótica que surgió de pronto en el mítico muro de Pusharo, durante mi primera expedición a la selva del Manú —iba tras la leyenda del Paititi, la ciudad perdida de los incas, aventura que narro en mi primer libro, *Los maestros del Paititi*—, el contacto con Antarel era algo totalmente diferente: constituía el esperado contacto físico con uno de los misteriosos «apunianos». Como recordarán mis lectores, estos seres fueron denominados así por los pastores y campesinos de la cordillera Blanca (Áncash, Perú), que usan la palabra quechua de raíz puquina *Apu* («protector», «señor») para referirse a los «dioses» de las montañas. Amén del significado religioso que pueda encerrar esta palabra para las antiguas comunidades prehispánicas de mi país, los «apunianos» serían extraterrestres de Alfa Centauri que poseen bases en las oquedades de los Andes. Pero también en otros puntos del mundo.

Sea como fuese, había conocido físicamente a uno de «ellos». Con los años supe que el mensaje telepático, recibido en casa antes del avistamiento de confirmación con mi familia, procedía de Antarel y no de otros seres vinculados al grupo de Ganímedes —del cual forma parte el citado Oxalc— como yo supuse y difundí en el inicio de mi contacto. Todo ocurría muy rápido y no era fácil manejar tantas emociones y ordenar al mismo tiempo la información.

Ovnis fotografiados en Yungay, Áncash, 1967. Investigación de Richard Greenwell. Archivo cortesía de Wendell C. Stevens.

En fin, aquel año 1997 no pude acompañar al extraterrestre dentro de la nave. Pero habría una nueva oportunidad. Me tuve que preparar tres años y medio para ello...

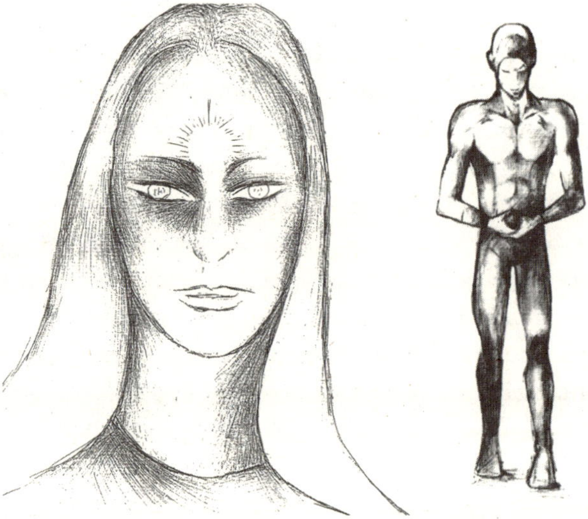

A la izquierda, una psicografía de los grupos de contacto que recrea el rostro de un «guía extraterrestre». A la derecha, un dibujo de 1997 basado en la experiencia que vivió González Corpancho en el desierto de Chilca.

Capítulo 6

DENTRO DE UN OVNI

Voy a entrar en uno de los aspectos más discutidos y polémicos del contactismo. Y es que, evidentemente, una cosa es un mensaje telepático y un avistamiento de confirmación, y otra muy distinta un encuentro físico con los tripulantes de los ovnis. El lector podrá deducir que, para los negacionistas, visitar una nave de origen extraterrestre es el tope de la locura.

En la ufología más ortodoxa, el fenómeno avistamiento e incluso el contacto en tierra con un humanoide relacionado con la aparición del ovni es considerado, aunque a regañadientes, como un reporte a investigar si es que posee elementos de credibilidad. No obstante, los testigos que sostienen haber sido llevados en una nave son observados con gran desconfianza. Cuanto más contundente sea la experiencia, mayor es el recelo y la incredulidad. Y lo entiendo. Yo mismo he querido sepultar en mi mente esas vivencias porque me costaba integrarlas, cualquiera que haya sido su naturaleza real. Sin embargo, los testigos de este fenómeno no mentimos. «Algo» nos sucedió.

Tras el contacto físico de 1997, afiné mi preparación para la anunciada visita a la nave. Según Antarel, en ese contexto me podrían hablar de otros asuntos más profundos y delicados que era necesario que yo conociera. Pero ¿por qué a mí? ¿Un muchacho común y corriente de un país «tercermundista» debía ser el depositario de informaciones de presunto origen extraterrestre? ¿Por qué no buscar a un reconocido científico o a un líder político mundial que pudiera ejercer mayor influencia con su testimonio? «Ellos» me dijeron que no debía subestimar el valor del testimonio de las «personas comunes», porque, a fin de cuentas, yace allí el efecto dominó que creará la masa crítica necesaria para concienciar a la humanidad de que no está sola en el universo. Antarel parecía un experto en sociodinámica humana.

Por si ello fuera poco, me dijeron que mi vida daría un giro de 180 grados, adentrándome de lleno en la investigación y divulgación de este fenómeno con un alcance que en ese momento no podía imaginar. Pero era mi decisión. «Ellos» me consultaron si estaba dispuesto a dedicarme a tiempo completo a esa «tarea» porque venía un «reordenamiento». Aunque ignoraba a qué se referían, acepté el desafío. No se apure el lector si piensa que caí en la seducción de sentirme con una «misión especial», como si me estuviese transformando en una suerte de nuncio mimado de los extraterrestres. Simplemente sentí, con mucha fuerza, que mi humilde aporte, sumado al de otros muchos testigos de contacto en el mundo, podría implicar un fin positivo y trascendental. Confié en que todo se acomodaría en mi vida para esa nueva etapa de mayor exposición. Y en cuanto lo decidí, se desató la tormenta.

La gran oleada

La primera señal surgió en octubre de 1998. Distintos mensajes psicográficos anunciaban una oleada de avistamientos que iba a ser registrada por los medios de comunicación de Perú. Los extraterrestres me señalaron que ocurriría en el verano de 1999. Así lo informé en los grupos de contacto. También a la prensa. Llevaba algunos años dando conferencias públicas y un periodista que se había interesado en mi caso, Hugo Cogorno de Canal 2, estaba al corriente de todo. Y la oleada ovni estalló tal y como los mensajes anticipaban...

Era el 22 de enero de 1999. Y, por esos «caprichos» del destino —en realidad, como parte de un plan urdido desde «arriba»—, fue el canal de televisión en donde trabajaba Cogorno el primero en captar las imágenes de los ovnis. El camarógrafo Jaime Vidal Torres, del programa *Diálogo,* captó un gran objeto sobrevolando a baja altura el barrio de Pueblo Libre, precisamente en la zona donde mi familia y yo vivíamos en aquel entonces.

Uno de los objetos captados en la oleada ovni de 1999, presentado por el Canal 2 de Lima.

Como un detalle de color, años más tarde el investigador limeño Anthony Choy me confesó en su programa de radio *Viaje a la cuarta dimensión* (Radio Capital, emisión del 2 de marzo del 2014) que había investigado los avistamientos, y quedó sorprendido al ver que los ovnis recorrieron el punto donde yo residía.

¿Otra «casualidad»? Lo dudo. Hasta mi padre fue testigo de una relumbrante esfera naranja, que se paseó a sus anchas a solo 10 metros del suelo en la calle Cabo Gutarra.

Pueblo Libre, además, posee uno de los yacimientos arqueológicos mejor conservados de Lima, la huaca Mateo Salado, centro administrativo de la cultura preínca Ychsma, que reúne cinco pirámides y plazas distribuidas en unas 16 hectáreas de extensión. Los incas, al conquistar esta región, anexaron la huaca al *Qhapac Ñan*, el sagrado camino vial andino que conecta con Cusco. Comento esto porque descubrí que los avistamientos solían presentarse en sitios de Perú que tenían una fuerte vinculación con lo sagrado y el pasado. No podía ser fruto del azar. De hecho, ya de adulto pude constatar que mis primeros avistamientos en Chosica, en los cerros adyacentes al club El Bosque, se habían desarrollado sobre los geoglifos de Yanacoto, extrañas figuras geométricas y serpentiformes trazadas en la terraza aluvial de la quebrada de Yanacoto, al pie del cerro Santa María. Esta suerte de minilíneas de Nasca fueron descubiertas mucho después de mi experiencia allí cuando era un niño. Los arqueólogos estiman que los geoglifos de Yanacoto tienen unos cuatro mil años de antigüedad. Y por si esto fuera poco, la casa en donde recibí el primer mensaje, situada como ya dije en Orrantia del Mar, había sido construida en la zona en la que se hallaba un sitio arqueológico monumental preínca, también relacionado con la cultura Ychsma. Lo supe treinta años después, gracias al trabajo del arqueólogo Jesús Bahamonde Schreiber. Este fue el inicio de mi pasión por investigar lo que denomino «lugares de contacto».

Huaca de Mateo Salado, uno de los cuatrocientos centros arqueológicos que alberga Lima en su casco urbano.

Los misteriosos geoglifos de Yanacoto fotografiados desde un dron. Cortesía de la arqueóloga peruana Edith Claudio Medina (Rutas Culturales).

Los avistamientos de 1999 empezaron en Pueblo Libre, pero se dispararon en todo el Perú. Este enorme incidente constituyó mi primer avistamiento programado con la prensa que no ocurría en un lugar aislado adonde tenían que acudir los investigadores, sino que el fenómeno se hacía presente ante ellos en plena ciudad de Lima y otras regiones del país.

Como he detallado en otros libros, esta gran oleada generó un efecto en cadena de resonantes consecuencias. Para empezar, la mismísima Fuerza Aérea Peruana se vio en la obligación de crear un equipo especializado para investigar a los no identificados. Yo mismo fui invitado a la inauguración de la denominada OIFAA (Oficina de Investigación de Fenómenos Aéreos Anómalos), que lideró el comandante Julio Chamorro. Naturalmente, mi presencia en los medios de comunicación de Lima para hablar sobre los ovnis se incrementó. Entonces invité al citado periodista Hugo Cogorno a un avistamiento «previa cita» en el desierto de Chilca, que ocurrió exitosamente. Un detalle no menor es que, al iniciar la oleada, José Carlos Paz García-Corrochano sufrió un infarto y falleció en la playa de Chilca, en donde se hallaba en medio de una investigación. Dejó al legendario IPRI huérfano de su presidente y fundador, pero su hija, mi recordada Rosa Marie, tomó el testigo y continuó el legado. Entretanto, yo era despedido de la compañía por mi excesiva exposición pública en la televisión peruana con los «platillos volantes».

¿Era ese el «reordenamiento» del que me habló Antarel?

Cuando firmé, obligado y sin mayor remedio, mi carta de renuncia —estaba siendo despedido por el gerente general que odiaba el tema de los ovnis—, tuve dos sensaciones contradictorias: preocupación por el bienestar económico de mi familia y paz por salir de ese lugar y tener toda la libertad para seguir mi camino.

No fue nada fácil. Hasta entonces mis conferencias públicas en Perú y otros países eran gratuitas. Ahora tenía que vivir de los modestos ahorros, de las ventas de mi único libro publicado y de las contadas presentaciones que me organizaban grupos interesados en los ovnis. Y, pese a esa dificultad, seguí ayudando a mi padre a pagar sus deudas. Fueron años de excesivos sacrificios.

Y en ese ínterin, algo desencantado por la ausencia de investigaciones en los grupos de contacto, decidí formar un equipo de trabajo que combinara la exploración del fenómeno desde dentro sin dejar de poner la lupa en el asunto. Un gran desafío. Bauticé esa iniciativa con el atrevido nombre de Proyecto ECIS (Estudio del Contacto con Inteligencias Superiores). Nuestros trabajos se publicaron en el boletín gratuito *Enlace Cósmico.*

A finales de ese movido año 1999 volvería a ver a Antarel. No se trató de un contacto programado. El gigante de Alfa Centauri apareció de improviso en el desierto de Chilca, en donde alrededor de setenta personas de varios países nos hallábamos reunidas. Antarel surgió de un campo de energía —la típica «niebla» brillante— cuando exploraba los cerros próximos a nuestro campamento. En ese momento estaba acompañado del investigador chileno Camilo Valdivieso Rizzo, hoy arqueólogo y persistente explorador de las selvas del Paititi. En ese súbito contacto Antarel nos entregó, telepáticamente, valiosas indicaciones para una nueva expedición a la comunidad de los sabios q'eros en Cusco y la selva del Manú. Camilo tuvo el coraje de compartir nuestra experiencia de contacto en el programa *Zona Infinito* del periodista argentino Horacio Embón.

Era evidente que nuestra relación con «ellos» iba creciendo. A fuego lento, se iba cocinando el segundo «intento» para concretar el contacto dentro de la nave...

«Disparamos porque no sabíamos qué era»

Domingo 30 de diciembre del 2000. Una vez más, acudía al desierto de Chilca para intentar afrontar lo imposible.

Los extraterrestres me habían sugerido, nuevamente, que viajara solo. Pero desobedecí. Fui acompañado por cuatro miembros de mi grupo de trabajo. Si «ellos» se manifestaban en el lugar confirmado para el contacto físico, entonces me alejaría. Sabía que la coordenada para el abordaje de la nave era una gran explanada tras un cerro, que vista en la lejanía parecía el planeta Saturno y sus anillos aplastados en el terreno. Desde que mi querido

Alejandro Rivas y yo encontramos esta antojada similitud, llamamos a esa zona «Anillos de Saturno». El rumor corrió como un reguero de pólvora en los grupos de contacto de Lima. Todos querían acampar en esa zona marcada por los extraterrestres. Entonces hallaron unos círculos de piedra al pie de otros cerros hechos por antiguos campamentos de los Rama. Pensaron que eran esos los perseguidos anillos. Una conveniente confusión.

Ruinas prehispánicas en el desierto de Chilca, halladas por el autor.

Pero la explicación para la elección del lugar de contacto era otra: la planicie que se levanta detrás del cerro muestra antiguas ruinas de la cultura Chilca, cuyo origen ha sido estimado hacia el 3150 a. C. Sus horticultores se establecían allí en época de huaicos, es decir, cuando se producían importantes corrimientos de lodo y piedras desde los Andes hacia la costa debido a las intensas lluvias y el desborde de lagunas de altura. Estos huaicos, violentos flujos de detritos, activan quebradas llevándose todo a su paso. Por esta razón, los antiguos pobladores prehispánicos evitaban construir sus viviendas en viejos cauces de ríos o aluviones, un hábito que la Lima actual ha perdido, con gravísimas consecuencias. Pero este fenómeno era muy apreciado en el pasado, porque al terminar la temporada de huaicos el terreno quedaba abonado para la agricultura. Eso sucedía en las quebradas de Chilca.

No éramos, pues, los primeros hombres en inquietar la soledad del desierto. Y, sin duda, tampoco los primeros en conocer la actividad de los «no identificados» en ese lugar.

Al arribar la hora del contacto, 24:00 horas del 31 de diciembre, hizo su aparición un enorme objeto en el encapotado cielo nocturno. Una suerte de «habano» luminoso, de aspecto metálico, pero con un brillo similar a un fluorescente, se había colocado sobre nosotros. El alargado objeto empezó a lanzar unos poderosos fogonazos de luz plateada y acto seguido la niebla que lo envolvía se disipó, permitiendo que lo viéramos con mayor claridad. Fue impactante. Un detalle alucinante es que algunos de estos resplandores llegaban al suelo y dejaban una fosforescencia en el terreno, una especie de «luz sólida» que podíamos coger con nuestras manos. Se resbalaba a través de nuestros dedos y luego desaparecía.

Magaly Fernández, Jhon Abanto, Lida Martell y H. B., mis queridos amigos que me acompañaban, se quedaron atónitos. Este tipo de avistamientos no son frecuentes. Lo «normal» es observar luces voladoras de comportamientos anómalos, no un objeto metálico en proximidad que ocasiona efectos físicos en el entorno. «Aquello» estaba allí y nos hizo temblar a todos de pies a cabeza. H. B. llegó a distinguir, en medio de toda aquella turbación, un disco de apariencia metálica salir del «habano». Luego vimos un sutil arco de luz que parecía descender de lo que ya interpretábamos era una nave portadora hacia la explanada marcada para el contacto...

Entonces, H. B. se me acercó con una linterna, me la entregó y me dijo que acudiera al encuentro de la nave, que él se quedaría con el grupo y lo tranquilizaría. No pude... Como en 1997, mi nerviosismo ganó terreno y quedé inmovilizado en el desierto. En aquel momento todo se «apagó». «Ellos» se fueron...

«¿Escucharon los disparos?», me preguntaron los chicos del grupo, sacándome de mi decepción y ensimismamiento. «Fueron los militares», se apuraron a comentar. Y, efectivamente, cuando interrogamos a los militares de la entonces operativa Base Chilca, nos confesaron que la guardia nocturna hizo disparos al aire al ver el enorme ovni sobre la quebrada...

«Disparamos porque no sabíamos qué era eso», me dijeron.

Decaído, volví a Lima con el fracaso del segundo intento. ¿Qué estaba fallando?

Olvidarme de los «extraterrestres»

Fue muy duro aceptar que mi larga preparación había fracasado. Mis constantes salidas a terreno en entornos de soledad para conocer y manejar mis emociones me dieron mucho, muchísimo, pero parecía no alcanzar para acompañar a estos seres dentro de la nave. ¿Por qué? Además de lo mental, debo añadir que mi disciplina física en ese entonces era muy exigente. Me había vuelto vegetariano estricto, practicaba deporte y evitaba todo tipo de estimulantes. A diferencia de los amigos de la juventud no fumaba ni probaba una gota de alcohol así se tratase de un brindis social por un cumpleaños. Buscaba estar física y mentalmente «limpio» para afrontar de la mejor manera las tremendas experiencias de contacto que siempre significan un remezón por su impacto energético y psicológico. Sin embargo, hoy entiendo que al haberme vuelto un fundamentalista de la preparación estaba dejando de ver lo esencial, lo verdaderamente importante.

Como digo, si bien el proceso de adiestramiento había sido muy provechoso para mi exploración interior, fortaleciendo mi fuerza de voluntad y mi disciplina, mi mente aún requería despojarse de la etiqueta «extraterrestre». En ese instante comprendí que el «fracaso» del año 2000 era parte de esa prueba. Necesitaba algo así, un cachetazo, para tomar consciencia de la magnitud de lo que venía y del necesario cambio de paradigma.

«No nos mires como extraterrestres, sino como viejos amigos», me solían decir estos seres en sus mensajes. Tal vez ahí estaba el problema. Me costaba verles como algo cercano. Me resultaba imposible. Además, las alucinantes informaciones que nos compartían lo hacían todo más difícil, gigante, inabarcable, pues era como estar en una especie de ópera cósmica de ciencia ficción. ¿Todo lo que nos decían era verdad? Si la respuesta era sí, resultaba en extremo inquietante. Ya entraremos en ese terreno.

En fin, mi búsqueda interior necesitaba enlazarse correctamente con esta realidad que aún me producía desconcierto y fascinación a partes iguales. Tenía, pues, que dejar de verles como «extraterrestres». Aunque parezca demasiado simple, todo se basaba en una decisión. Y la tomé en completa paz cuando logré, finalmente, comprender.

La invitación

A solo dos meses del «habano» sobre el desierto, era citado en el mismo lugar para abordar la nave. La fecha exacta: sábado 24 de febrero del 2001. Antarel accedió a que un grupo de apoyo me acompañara hasta el campamento base. Pero debía estar solo para aguardar la experiencia. La fecha únicamente la conocía yo y aún no había decidido quiénes podrían venir conmigo.

Semanas antes del viaje a Chilca, me encontraba impartiendo conferencias en la ciudad de Miami. Allí tuve una peculiar «prueba». Un conocido empresario de origen cubano, que arribó en su juventud a Estados Unidos sin un centavo y se hizo multimillonario a base de su denodado trabajo y buen olfato para los negocios, había acudido a una de mis conferencias y había quedado muy fascinado conmigo. Al cabo de unos días, me invitó a su oficina y me hizo una inesperada propuesta: me quería contratar como supervisor de su área de comunicación. Me ofreció un generoso e irrechazable contrato de trabajo que habilitaría mi residencia en Estados Unidos.

No sabía qué decirle.

Su esposa, mi querida C. M., me pidió que considerara el ofrecimiento. Ella sabía por todo lo que había pasado mi familia y que aún ayudaba a mi padre a pagar sus deudas. «Tendrás un futuro formidable aquí», me dijo. El pormenor era que debía empezar el entrenamiento en la compañía cuanto antes, mientras se hacían los papeles. La urgencia de su esposo empresario era total. Pasando todo a esto a limpio: no podría volver a Lima para el contacto programado del 24 de febrero. Para colmo, mi pareja de ese momento vivía en la ciudad. Trabajaba para el *Miami Herald*. Todo pintaba perfecto. ¿Era el «Imán Cósmico» actuando otra vez? ¿O me hallaba ante un «examen»? Aprender a distinguir una confirmación de una advertencia es uno de los conocimientos más profundos en este camino...

Suponiendo que pudiese escaparme unos días a Perú para afrontar la invitación de los extraterrestres, no me imaginaba volviendo corriendo a Miami, como si nada hubiese ocurrido, para empezar una nueva y próspera vida. No era ese mi «acuerdo» con los de arriba. Yo había aceptado, humildemente, otra «tarea».

De inmediato supe que estaba ante una bifurcación. Sí, la incertidumbre material de mi futuro campaba a sus anchas, pero fue mucho más fuerte el fuego que ardía en mi interior. No podía ir en contra del corazón. Mi juicio de rechazar la oferta fue sorprendente para muchos. No obstante, el propio empresario, a quien recuerdo como un hombre sabio y generoso, con el tiempo supo por qué. De hecho, años más tarde viajó a Lima y conoció a mis padres. Hicieron buenas migas. Mi relación de pareja en Miami culminó casi un año después, desgastada, entre otras cosas, por la distancia y mi irrenunciable camino de vida.

Cuando acudí a Chilca estaba totalmente «vacío», pero en el buen sentido de esa palabra.

Un haz de luz en el desierto

No vaya a creer el lector que estoy escribiendo todo esto de corrido. Los multiformes recuerdos me asaltan. Si bien he descrito este contacto del «cuarto tipo» en viejos informes y en mis primeros libros, cada vez que rememoro semejantes experiencias tengo hasta sensaciones físicas que me cuesta manejar. Me emociono profundamente.

Mi despacho, donde ahora mismo estoy escribiendo estas líneas, se encuentra en el segundo piso de la casa que mi esposa y yo tenemos al pie del mítico cerro Uritorco. Creo que ya he comentado en otros escritos que al lado tengo una escalera de caracol que me conduce a un «mirador», desde donde podemos contemplar la montaña y el bello paisaje de las sierras de Punilla. Acudo a este espacio para pensar y descansar tras estar varias horas trabajando frente al ordenador.

¿Realmente estuve físicamente dentro de un «ovni»? ¿No pudo haber sido un «holograma» que «ellos» implantaron en mi cabeza para hacerme comprender algo? ¿Acaso mi mente intentaba explicar con hipótesis rebuscadas lo que simple y llanamente sucedió? Solo puedo decir que fue tan *real* como el aire de montaña que me acaricia en el mirador de mi casa.

Al volver a Lima de mi viaje a Estados Unidos, el grupo de Miraflores se comunicó conmigo para informarme que había recibido un mensaje. El contacto telepático les señaló la fecha del 24 de febrero para acudir al desierto de Chilca como «grupo de apoyo». «Ricardo —sostenía el mensaje— tendrá un contacto físico programado...» Quedé muy sorprendido. Los muchachos de Miraflores no sabían absolutamente nada...

Sin mediar duda, viajé con ellos.

Pasado el mediodía de la fecha marcada, mis pasos se adentraban en la ya citada explanada de contacto. El grupo de apoyo se quedó en el campamento base, situado a 1,70 kilómetros de mi ubicación. El sol era muy fuerte. El cielo pintado de azul y bastante despejado. Apenas asomaban algunas nubes de tipo stratocumulus.

Cuando llegué a la llanura, no me sentí solo. Había «algo» en el lugar que me reconfortaba. Una «presencia» que me hacía sentir bien. Reconocí el lugar exacto en el que debía aguardar el contacto por un «sueño vívido» que había experimentado días atrás. Me despojé de la mochila y tendí en el suelo el saco de dormir. No llevaba tienda de campaña. Mi modesto equipaje era un grueso abrigo, agua, fruta, una pequeña linterna, un abultado saco de dormir y mi inseparable cuaderno de campo. En él anoté un mensaje de Antarel que llegó con fuerza anunciando: «Ahora podrás venir con nosotros. Permanece atento a las 21:00 horas». El grupo de apoyo, simultáneamente, estaba recibiendo otro mensaje que señalaba la misma hora.

Ricardo en el desierto de Chilca, en una foto del 2001.

Había caído la noche y pude percibir la inconfundible cercanía de «ellos». Es una sensación inexpresable. «¡Sé que están aquí! —les grité, mirando al cielo—. ¡Pueden venir cuando quieran! ¡Finalmente he comprendido!» En aquel momento, los cerros que me circundaban empezaron a iluminarse. Potentes resplandores surgían detrás de ellos. Luego observé en el cielo dos luminosos objetos. Se movían en silencio, a gran distancia, en dirección a la zona de los resplandores. Me recosté en el saco de dormir y consulté mi reloj: faltaba muy poco para las 21:00 horas.

Pero, cuando llegó la hora acordada de contacto, nada sucedió. El desierto había entrado en un profundo e incómodo silencio. No sentía nada. No observaba nada «anómalo» a mi alrededor. Ya conocía esos «apagones», como yo les llamo. Cuando suceden, es que el contacto ha terminado.

¿Cómo era posible? Los minutos transcurrían y la descomunal quietud amenazaba con perturbarme. «No te preocupes, estaremos contigo en unos momentos», un mensaje telepático procuraba calmarme. No me lo creí, pero mantuve, pese a ello, la espera y el equilibrio. Eran las 21:22 horas, según consta en mi cuaderno de campo, cuando «aquello» me golpeó. Una luz sólida había sido «apuntada» de quien sabe dónde hacia mí, impactándome de lleno. Fue tan fuerte e imprevista que me hizo brincar sobre el saco de dormir. Me levanté después de que aquella «gelatina luminosa» me cubriera.

Aún no me había recuperado de ese fenómeno, cuando distinguí la silueta de un hombre enorme acercarse hacia mí. Se trataba de Antarel. El «apuniano» estaba vestido con su habitual mono metálico. Al acercarse, vi que el «uniforme» tenía un grueso cinto oscuro. También identifiqué unas largas botas que le llegaban casi a las rodillas. Se colocó frente a mí, se agachó ligeramente y me dijo en perfecto español, sin mover los labios: «Ya nos vamos». Caminé detrás de él, como hipnotizado. Pese al *shock* inicial, empecé a vivir la experiencia con cierta naturalidad. Mientras andábamos en el desierto noté que él no pisaba el suelo. Parecía flotar a unos centímetros. Alcanzamos entonces lo alto de la primera explanada (la segunda, la más grande tras un cerro, es donde están las ruinas que mencioné páginas atrás), y allí hallé a otro ser. Era una mujer, mucho más baja que Antarel. Estimo que alrededor de 1,70 metros de estatura. Vestía el mismo mono metálico, aunque más oscuro. De rostro triangular, piel como bronceada y lacios cabellos rubios hasta los hombros, la extraña dama sostenía un cubo negro en la mano derecha. Parecía estar controlando algo. Tuve esa impresión.

Un haz de luz caía sutilmente del cielo, que se había encapotado, y dibujaba un círculo fosforescente de unos diez metros de diámetro en el terreno. En su centro, había otro círculo luminoso, mucho más potente en intensidad. Tenía unos dos metros de diámetro. Antarel me pidió, mentalmente, que ingresara en él...

En un principio me invadió el temor, pero la sonrisa «humana» del extraterrestre me tranquilizó. Cuando me coloqué en el pequeño círculo luminoso, vi que este pulsaba, como un «latido». Rápidamente, una extraña fuerza que parecía aplastarme vino desde arriba. Fue una desagradable sensación que, afortunadamente, duró un instante. Entonces, un gran resplandor, extremadamente blanco, me cegó, obligándome a cerrar los ojos, mientras esa fuerza me arrancaba del desierto y mis pies perdían contacto con el suelo. Sin embargo, en un segundo tomé consciencia de que estaba pisando nuevamente. Mas no era Chilca...

El resplandor fue menguando, lentamente, mientras mi corazón seguía latiendo a mil, como recién bajado de una montaña rusa. En ese momento noté que me hallaba en un salón circular, iluminado por una fantasmal luz blanca que surgía de todas partes sin generar sombras.

Me costaba aceptarlo, pero lo sabía. Finalmente había sido «llevado» dentro de una nave gracias a ese «rayo tractor». ¿Y ahora qué sigue?

Capítulo 7

INFORMACIONES IMPOSIBLES

Mis ojos empezaron a acostumbrarse a esa luz que salía de todos lados. Frente a mí, resaltaba una puerta oval, elevada unos centímetros por encima del nivel del suelo, que era extremadamente blanco y brillante. El techo de este espacio no lo recuerdo. Al bajar la vista para ver mis pies, aprecié mis zapatillas beis, que una amiga me había comprado en una tienda de Sports Authority en Miami. Verlas allí, en contraste con el círculo luminoso del salón en donde había «aparecido» era surrealista. Me armé de valor y decidí moverme en dirección a la puerta, que era monumental, diseñada como para que la cruzara un gigante de tres metros. Pero no pude avanzar más. Estaba temblando. En ese momento me tocaba el cuerpo y los brazos, mientras me decía a mí mismo que aquello no podía ser real.

Sin embargo, un hecho especial me sacó de mis pensamientos. Una mano se apoyó en mi hombro derecho. Giré de inmediato y vi que se trataba de la mujer del cubo negro. Sus dedos, aún apoyados en mí, eran muy similares a los nuestros, salvo por la ausencia de uñas y la uniformidad de una piel sin manchas ni marcas. Su rostro inundado de paz me calmó. Me dijo mentalmente que estaba dentro de una nave, que todo era real. Y de pronto apareció Antarel, y sonriendo me dijo mentalmente que el código del vehículo que había abordado era *Orum III*. Sí, era como estar sumergido en una película de ciencia ficción.

«¿Esto verdaderamente está sucediendo?» Me seguía martillando la cabeza con mil preguntas.

En ese momento, me explicaron que la gelatina luminosa que me había impactado en el desierto era una invisible membrana de protección, ajustada a mi cuerpo para el ingreso a la nave. Me dijeron que no me preocupara, que no sentiría nada y que ese fantasmal traje de astronauta se desvanecería cuando me devolvieran al desierto. Seguí a esos seres a través de la puerta oval, que daba a un pasillo curvo que se iba iluminando conforme nos íbamos desplazando. Llegamos a otro salón, también circular, pero más grande y con aspecto metálico. En ese lugar sí recuerdo el techo, tal vez porque me llamó la atención la disposición de unos cristales de variadas formas que emitían luz. En el centro del salón había un gran cilindro metálico, coronado por una cúpula de cristal transparente en donde estaban incrustadas, verticalmente, unas varillas oscuras, también de aspecto cristalino. Antarel detectó mi curiosidad y se apuró a explicarme que era silicio procesado de la Tierra.

Ciertamente, el silicio constituye un 28 por ciento de la corteza terrestre. Pero no existe en estado libre, sino combinado con el oxígeno para formar óxidos y silicatos en minerales como el cuarzo. Este elemento siempre ha llamado la atención de los científicos. Lo consideran un «metaloide», es decir, con propiedades intermedias entre metal y no metal. En sus propiedades más puras, es un semiconductor. Algunas fuentes militares de Estados Unidos, como el célebre coronel Philip J. Corso en su libro *The Day After Roswell* (1997), denunciaron que a raíz del incidente Ros-well su país desarrolló nuevas tecnologías gracias a la ingeniería inversa. Según Corso así avanzamos en la creación de la fibra óptica, las superaleaciones y los circuitos integrados de silicio.

Un detalle notable es que seis meses después de mi contacto aparecía un polémico *crop circle* en el sur de Inglaterra que parecía darle mayor significado al comentario de Antarel. En un campo contiguo al radiotelescopio de Chibolton se descubrió lo que muchos consideran una «respuesta» de los extraterrestres al mensaje de Arecibo que Carl Sagan y Frank Drake enviaron al espacio, el 16 de noviembre de 1974. Veintisiete años después, para ser precisos, el 21 de agosto del 2001, este agroglifo «contestaba» nuestro mensaje binario, sosteniendo que «ellos» compartían con el humano las mismas bases de la vida, como el carbono, el hidrógeno, el oxígeno y el nitrógeno. Sin embargo, añadieron el silicio...

Sé que muchos agroglifos son un fraude y que este asunto se ha transformado en un negocio turístico en Inglaterra. Pero ¿existe la posibilidad de que algunos de estos círculos y hasta complejos símbolos de los campos de trigo hayan sido, efectivamente, mensajes de otras realidades? Sea como fuese, el fenómeno es antiguo. Basta explorar la leyenda del «círculo de las hadas». No creo que todo se reduzca a mitología, bromas de jubilados ingleses o formaciones de hongos en el pasto. De ser auténtico el mensaje de Chibolton, ¿el silicio es un elemento que estos seres desarrollaron naturalmente en su proceso de evolución? ¿O lo «añadieron» en sus cuerpos? ¿Con qué fin? Esta es una bioquímica hipotética realmente fascinante.

En lo que ya identificaba como la «sala de mando» vi a cuatro humanoides enfundados en unos trajes ajustados color celeste plateado que tenían grabado un símbolo en el pecho, una especie de tridente que me recordó a la runa Algiz. Eran calvos y calculo que medían casi dos metros de estatura. Estaban sentados frente a unas «pantallas de gas luminoso», como controlando la nave. Los asientos apenas los puedo describir porque eran en extremo simples y minimalistas. Los «pilotos» parecían estar en trance. No se inmutaron por mi presencia. Sus manos no accionaban botones ni palancas, sino que se hallaban introducidas en unas burbujas de luz de distintos colores y tamaños. «Sabía» que a través de esa dinámica habían unido su mente a la nave. Más que controlarla con mecanismos físicos, estos seres transformaban la nave en un ser vivo al compartir con ella su consciencia.

A medida que pasaban los minutos, mi mente se «ampliaba» y empezaba a enlazarme con la tripulación de la nave. Estaba entrando en una especie de «mente colmena». «Sabía» o «comprendía» cosas que ignoraba previamente. «No puede ser verdad, estoy alucinando», mi mente insistía en negar todo lo que estaba viviendo. Entonces, uno de los «pilotos» abandonó su asiento y se dirigió hacia mí. Aquel ser me resultaba familiar. Sus ojos marrones claros, hundidos en el rostro, ya los había visto. Su piel era de un color cobre, con tintes grises, y sus brazos un poco más largos que los nuestros. Supe que era Mardorx, un extraterrestre técnico que se había comunicado en otras ocasiones con los grupos de contacto.

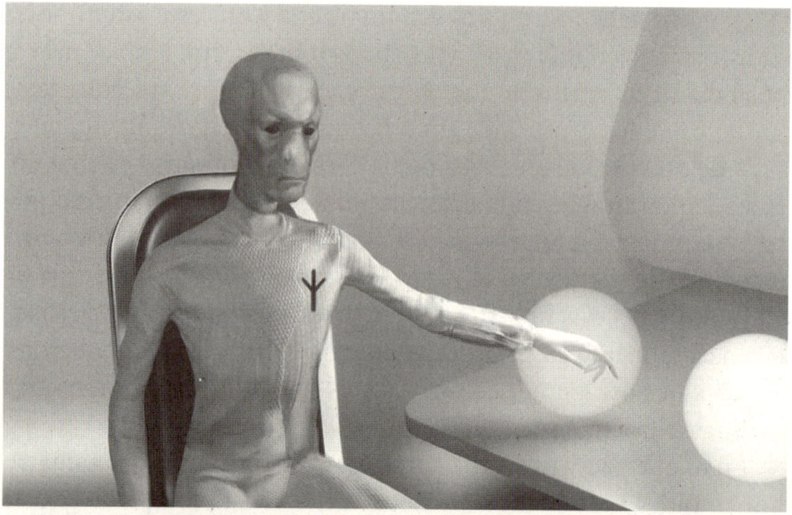

Recreación realizada para el programa *La nave del tiempo*. Cortesía de Sid Goldberg (Gaia, Boulder).

El extraterrestre ensayó lo más parecido a una sonrisa. Lo digo así porque aquel ser prácticamente no tenía labios, sino una pequeña hendidura como boca. Me quedé un momento en silencio, escudriñando su rostro. Luego mi vista se clavó en sus largos dedos de yemas abundantes que tanto me llamaban la atención. Allí tuve el espontáneo deseo mental de tocárselos. Y, como si hubiese escuchado mis pensamientos —de hecho, lo hizo—, estiró su mano derecha para que lo tocara. Me volví de inmediato para ver el rostro de Antarel, quien se hallaba a mis espaldas, como buscando su aprobación. El gigante asintió con la cabeza. Me armé de valor y acerqué mi mano derecha hasta alcanzar la palma y los dedos de Mardorx. Necesitaba hacerlo...

Recuerdo con claridad su suave textura, como la de un malvavisco. Y sentí que su mano emanaba un calor especial, mucha vida. Seguidamente acerqué mi mano izquierda y con ambas examiné la palma de aquel ser. El corazón se me detenía en aquel instante. Estaba sumamente emocionado. Mi impacto era total...

Aquello no podía ser un «sueño».

Los «retornados»

En esta demoledora experiencia, «ellos» me revelaron cosas muy difíciles de aceptar. Si el lector a estas alturas está sorprendido, lo que sigue le sembrará más dudas, como a mí.

Entre otras informaciones, se refirieron a la carrera espacial humana, afirmando que antes de los estadounidenses la Unión Soviética e incluso Alemania tuvieron serios intentos. Efectivamente alcanzamos la Luna en 1969, pero nuestros organismos mintieron sobre lo que encontramos allí y cómo, realmente, fue que logramos llegar a nuestro satélite. La versión oficial habla de una tecnología dudosa para alcanzar tal cometido. Entendí. La *Apolo XI* realizó su misión veintidós años después del incidente Roswell. ¿Corso tenía razón? Por si eso fuera poco, me mostraron una instalación orbital detrás de la cara oculta de la Luna. La llamaban Celea. A distancia parecía una enorme pelota de golf flotando en el espacio. Entonces me aseguraron que nuestro satélite había sido «artificialmente sincronizado» con la gravedad de la Tierra, desde un principio, para que su eje de rotación girara a la misma velocidad a la cual orbita nuestro planeta. Por ese motivo, la Luna nos muestra siempre la misma cara. Buscaban eso.

La Luna, pues, sería otra base oculta. ¿Acaso una megaestructura extraterrestre camuflada? Según «ellos», en nuestro sistema solar poseen numerosas «bases de adaptación» y estaciones orbitales camufladas asociadas. En algunas de estas bases han llevado a seres humanos que han rescatado de diversas situaciones en la Tierra, como guerras o catástrofes naturales.

Esto último me consta, aunque no lo pueda probar. Y debo decir que este es uno de los asuntos que más me «desarmaron» en ese contacto. No es un tema menor: estamos hablando de personas que iban a morir y de pronto eran rescatadas por esos seres, pero no con la intención de devolverlas, al menos de inmediato. El objetivo era reinsertarlas al mundo con una nueva identidad para emprender una misión silenciosa en su calidad de «retornados». Esas personas, para sus familiares, ya habían «muerto». Sin embargo, fueron «reclutadas» (casos muy específicos que jamás podríamos comprender) para penetrar nuestra sociedad humana e impulsar desde lugares estratégicos un cambio. Esta suerte de «Quinta Columna» sigue operando a día de hoy. Sé que el término puede sonar fuerte, pues evoca operaciones de guerra e infiltración, pero la situación delicada del planeta y las limitaciones de acción directa de los extraterrestres les han llevado a utilizar este mecanismo. Que, por cierto, no es el único...

Hay cuatro tipos básicos de «infiltraciones». La primera es este acuerdo con un humano cuya línea de tiempo terminaba, abriéndose la oportunidad de seguir en la Tierra como «retornado» para participar de una sigilosa operación.

La segunda no es menos controvertida: la línea de tiempo del humano finalmente se rompe, y en otro tipo de «acuerdo» el ahora cuerpo vacante es «reactivado» para acoger la integración de un alma proveniente de una civilización extraterrestre. Estas infiltraciones suelen ser muy cortas. En círculos contactistas de Estados Unidos se las denomina *walk-in.* El libro *Ricky B* (Planeta, 1997), de J. J. Benítez, es un buen ejemplo.

La tercera infiltración es cuando la entidad extraterrestre se camufla, directamente, en nuestra sociedad. Las operaciones de estos antropólogos cósmicos son también de corta duración. El caso de Cyril Weiss que vimos páginas atrás es uno de tantos.

La cuarta infiltración es, por mucho, la más polémica de todas. La operación más silenciosa y discreta. A tal punto, que el propio involucrado la desconoce buena parte de su vida: se trata de nacer y desarrollarse como un humano... Es como el caso de un espía que olvida su verdadero nombre, el lugar donde nació y a toda su familia para meterse de lleno en el nuevo personaje que le exige la misión. A este fenómeno se le ha llamado de distintas formas, entre ellas, el popular término *Star People* («gente de las estrellas»), que procede del libro homónimo del ufólogo norteamericano Brad Steiger. Cuando se publicó, en 1981, se empezó a construir la base de la idea mística de los «niños índigo» o «semillas estelares», que defienden actualmente los grupos de la Nueva Era. Es oportuno aclarar que estas informaciones se han distorsionado hasta tal punto que crearon un caldo de cultivo para la aparición de estrafalarios gurús y peligrosos mitómanos que se presentan, sin pudor alguno, como «recordadores cósmicos» e «instructores» de la humanidad.

Los auténticos «enviados» se caracterizan por su discreción y humildad.

En fin, considero que detrás de la niebla de confusión que envuelve este asunto hay un secreto verdadero. Un secreto que pone sobre el tapete la pugna de fuerzas en nuestro mundo. Una especie de «ajedrez del destino», con la humanidad bailando, ciega, en el cuadriculado tablero. Antarel me afirmó que este conflicto de posturas sobre el rol y el futuro de la especie humana no es una quimera. Es real y su origen no se halla en la Tierra. La misión de los «retornados», según el extraterrestre, es una de varias acciones para devolver el equilibrio y ganar tiempo.

Ishtacar

Mi mente trataba de absorber y componer toda la información posible. No siempre eran «conversaciones» con estructura, como ocurre en un diálogo normal. La comunicación con «ellos» fluía igualmente a través de impresiones, certezas, imágenes, sensaciones... Era raro interactuar de esa forma, en completo silencio. Mi mente se había unido, en cierto modo, a la consciencia de aquellos seres. De hecho, mis corazonadas y pensamientos espontáneos eran inmediatamente contestados por «ellos». Esa «comunión mental» me resultó hermosa y al mismo tiempo incómoda, ya que me hacía sentir totalmente «desnudo», expuesto. No había lugar para los pensamientos íntimos. Todo allí estaba en conexión permanente. Poco a poco, me tuve que ir acostumbrando.

Más allá del rol de anfitrión que ocupó Antarel, en este contacto me entrevisté con otros seres. Sin ninguna duda, el que más me impresionó fue Ishtacar. Aquel gigante me resultó aun más alto que los propios extraterrestres de Alfa Centauri que hemos conocido. Superaba ampliamente los tres metros de estatura. Vestido con el clásico mono metálico —una especie de piel-plata ajustada a su corpulento cuerpo—, Ishtacar caminó hacia mí, sorprendentemente con los párpados cerrados, como si estuviese en trance.

Su aspecto era nórdico, de cara cuadrada e inexpresiva. Sus cabellos canos y largos hasta los hombros. Su presencia, que emanaba mucha autoridad, me hizo temblar.

Inmediatamente aquel ser me «habló», transmitiéndome una serie de ideas e imágenes a gran velocidad. Empezó diciéndome que la Tierra era un planeta especial y que sus características únicas son observadas por distintas civilizaciones extraterrestres. Me costaba identificar su «voz» en la transmisión mental, pues era como escuchar muchas voces ajustándose en mi cabeza, a manera de un coro. Ishtacar no me reveló su lugar de procedencia. Pero se identificó como un «Vigilante».

Sabía por mensajes recibidos en los grupos de contacto que dentro de la organización extraterrestre que monitorea la Tierra existen diversos segmentos de acción, unos más científicos, otros más antropológicos, sin embargo, también los hay «militares». Las misiones científicas se concentran en el estudio de la naturaleza de los mundos. En ocasiones, estas visitas pueden afrontar complejas tareas de «siembra de vida», actuando como una especie de jardineros del espacio e ingenieros genéticos.

Los antropólogos son los seres de aspecto humano que más se han implicado en contactarnos. Son puentes de información, pero también se enriquecen de la comunicación con nosotros. Los «militares», por decirlo de algún modo, son los referidos «Vigilantes», un importante grupo de la organización extraterrestre que se encarga de observar y proteger a los planeta-laboratorio de cualquier intromisión violenta (de origen no humano) que pueda significar el exterminio de la especie. La denominación recuerda al misterioso *Libro de los Vigilantes* de Enoch (1 Enoch 1-36), un texto apócrifo que empezó a ser redactado hace unos 2.400 años, en donde se describe la caída moral de unos seres del cielo (los *irin*, palabra aramea que significa «vigilantes»), que se mezclaron con mujeres de la Tierra y engendraron hijos prohibidos: los *nefilim*, tres generaciones de míticos gigantes. El acontecimiento, según el libro, ocurrió en el monte Hermón, un conjunto de montañas emplazado en las actuales fronteras del Líbano, Siria e Israel. Una zona del mundo en permanente tensión militar...

Para muchos estudiosos de la religión es una referencia a los «ángeles caídos», entidades espirituales que se rebelaron ante Dios. Pero en la ufología se sospecha de un grupo de extraterrestres con la suficiente compatibilidad anatómica con el humano como para poder procrear. Al hacerlo, esta avanzada de otros mundos hizo pedazos todas las normas y los protocolos. Los «Vigilantes» solo debían observar y proteger, no interferir. He rastreado, como otros investigadores, las acciones de este insubordinado grupo de seres en distintos pasajes del Antiguo Testamento (las violentas actuaciones de Yavé), en las leyendas y los escritos de Sumeria y también en el Antiguo Egipto. Resulta evidente que había dos y hasta tres bandos...

Las informaciones que reuní señalan que ese grupo rebelde de los «Vigilantes» fue presa de una «interferencia». Pero, igualmente, sus componentes fueron capturados y aislados por otro segmento de esa milicia extraterrestre que se mantuvo al margen. Desde entonces, a raíz del expediente Hermón (y hubo otros en el mundo), los «Vigilantes» tienen prohibido manifestarse físicamente ante un humano en suelo terrestre.

Ishtacar era uno de esos «Vigilantes»... Y, por si ello fuera poco, ocupaba un cargo de mucha importancia dentro de la llamada «cuarentena».

Este asunto merece otras líneas. Según los mensajes de los extraterrestres, nuestro mundo es uno de tantos en donde se está experimentando una nueva forma de aprendizaje. Los ya mencionados planeta-laboratorio.

Nuestra humanidad, desde su germinación, ha superado diversas etapas de adaptación y evolución, y no pocas veces estuvo en peligro de exterminarse. Pero fue en esta etapa reciente de nuestro proceso que hicimos algo que despertó la preocupación de los extraterrestres: la primera detonación de un arma nuclear. Me refiero a la prueba Trinity en Nuevo México, una bomba de plutonio de 20 kilotones. Cuando esto ocurrió, aquel triste lunes 16 de julio de 1945, se desencadenó una oleada de observaciones de ovnis que fue incrementándose hasta hallar su punto álgido en el hoy mítico año 1947. Nuestros experimentos nucleares, pues, enviaron un lamentable mensaje al universo. La humanidad en aprendizaje en el planeta-laboratorio Tierra empezaba a jugar con fuego.

Llamamos peligrosamente la atención...

Debido a esta coyuntura, La Alianza —llamaré así a esta suerte de coalición de civilizaciones extraterrestres con supuestos fines positivos— dictaminó una «cuarentena» planetaria para evitar que cualquier intromisión de otros mundos nos afecte y, al mismo tiempo, que el hombre viaje más allá del «límite» que marca la órbita de la Luna y disemine sus errores en otros espacios. La base extraterrestre Celea tiene, entre otras funciones, el monitoreo de esta «cuarentena».

Desde la prueba Trinity, los extraterrestres estimaron una cuarentena de ochenta años terrestres. En ese lapso no podríamos alcanzar físicamente, con tripulaciones humanas, mundos más allá de la Luna. De hecho, hicimos tan mal las cosas en los viajes espaciales a nuestro satélite que no conseguimos volver a él con una misión tripulada desde la misión Apolo 17, es decir, desde el 7 de diciembre de 1972. Hay un sinfín de teorías que intentan explicar esta ausencia del hombre en la Luna, pero las contradicciones y el misterio prevalecen. ¿«Algo» efectivamente nos prohibió volver? Sea como fuese, «ellos» me insistieron en la importancia de la consciencia del ser en el espacio que ocupa, un espacio que no solo se circunscribe al ámbito terrestre: estamos conectados con otros mundos, realidades y dimensiones. Y es urgente tomar conocimiento de todo esto.

Entonces Ishtacar me anunció que tendría una entrevista con un astronauta y que este me entregaría un mensaje.

Abro otro paréntesis aquí para decir que catorce años después estaba en la casa del doctor Edgar Mitchell, el legendario capitán de la *Apolo 14*, charlando en su salón sobre la experiencia del viaje a la Luna y el impacto que generó en su consciencia tamaña aventura espacial (hizo la más larga caminata lunar, la friolera de treinta y tres horas en el satélite). Como es de público conocimiento, su búsqueda le empujó a alejarse de la NASA y fundar más tarde el célebre Noetics Science Institute, prestigiosa organización académica que explora la consciencia y a donde tuve el honor de ser invitado para una presentación.

Mi encuentro con Mitchell fue seis meses antes de que falleciera, el 4 de febrero del 2016, un día previo al cuarenta y cinco aniversario de su misión espacial. Fue inevitable recordar el contacto con Ishtacar. El mensaje de Mitchell fue simple y poderoso: la clave para entender este fenómeno y asegurar la sobrevivencia de la especie humana es la consciencia. Sus reflexiones y puntos de vista me afectaron profundamente.

Sol y Ricardo con el astronauta Edgard Mitchell. Fotografía del 2015 (Rey Hernández).

El doctor Mitchell nos obsequió con esta vieja fotografía de su niñez en Roswell. «Yo crecí allí y he cosechado muchos amigos. Sé que el incidente de 1947 fue real y de origen no humano, pero el Gobierno ha preferido guardar silencio sobre ello», afirmó el capitán de la *Apolo 14*.

El factor Orión

Ishtacar también ahondó en una serie de informaciones que venía rastreando: la presunta agenda extraterrestre en la Tierra. Es un asunto que siempre me ha preocupado. Complejo, intrincado, tan fascinante como «imposible».

Entre otros puntos, el gigante extraterrestre se refirió a los casos de abducción, afirmando que se trató de experimentos no consentidos por La Alianza y que escaparon al control de la cuarentena por tratarse de «robots biológicos» que ya se encontraban en el planeta. Estas criaturas fueron creadas como «operadoras de tecnología» por una ancestral civilización extraterrestre que nos visitó en tiempos olvidados. Fueron «activadas» remotamente. El fin es diverso, pero uno de los objetivos perseguía estudiar la genética humana y su relación con la «semilla extraterrestre».

Lo he dicho bien: una «semilla» de otros mundos.

Según Ishtacar, la naturaleza terrestre fue ayudada por un avanzado equipo de científicos estelares, pertenecientes a una civilización que está más allá del Tipo III de la escala de Kardashev. Además de contribuir al proceso de evolución del planeta, sembraron en este, cuando las condiciones eran las ideales, una semilla autorreplicante que contenía información de especies de otros mundos. En esa muestra compuesta resaltaba el aporte de una de las civilizaciones más poderosas, situada en lo que denominamos constelación de Orión.

El cinturón de Orión o las «Tres Marías» son estrellas muy conocidas, adoradas por nuestros ancestros en distintos puntos de la Tierra. Se hallan entre 700 y 1.350 años luz de distancia de nosotros. Para no pocas culturas ese sector del cielo era la morada de los «dioses». También resalta el sistema estelar de Rigel, el sector más brillante de la constelación, cuyo núcleo es una estrella supergigante blancoazulada de tipo espectral. Es conocida con el nombre de Elgebar, que deriva del árabe y significa «pie del gigante». Allí explotó la crisis. De acuerdo con el relato de los extraterrestres, el avance tecnológico de estas poderosas civilizaciones fue tan avasallante que en el camino fueron perdiendo contacto con la sensibilidad y sus emociones. Se volvieron casi robots. El extraordinario progreso científico no evitó que cayeran en un estancamiento evolutivo y que poco después se vieran implicadas en largas guerras.

¿Cómo es posible que civilizaciones tan desarrolladas cometan este grave error? ¿Culturas capaces de viajar por el espacio-tiempo y de modificar la realidad de planetas enteros habían caído en la oscuridad?

Me costaba entenderlo.

No tenía sentido.

Tal vez es como un hombre de la Edad Media, que nos mira desconcertado a través de un cronovisor y se pregunta: ¿cómo es posible que una humanidad tan avanzada, con vuelos supersónicos, satélites, una gigantesca red de información llamada internet y mayor comprensión del cosmos siga peleando entre sí?

«Son hijos de una historia que remeció el espacio», me aseveró Ishtacar.

«Por ello la semilla de vida elegida para la Tierra posee un importante ingrediente de Orión. Este elemento se encuentra presente en los seres humanos. Es un peso invisible que los inclinará a la devoción por la tecnología, acaparar todo el conocimiento posible y hasta desencadenar un comportamiento colonizador, como ocurrió en su día con las civilizaciones de Rigel.»

Mi cabeza iba a estallar. ¿Somos descendientes de «aquello»?

«Es parte de un plan para que el hombre de la Tierra encuentre la estabilización pese al influjo de su desconocida herencia genética extraterrestre y del arduo aprendizaje en un mundo como la Tierra.»

De pronto, tuve una expansión de consciencia y creí entender la situación. Sentí que, si la especie humana hallaba ese equilibrio, alcanzando un armónico balance entre el conocimiento y el amor, cultivando la empatía y el verdadero significado de la existencia para dejar de destruir e incluso lastimarse a sí misma, precipitaría una suerte de redención cósmica, porque esta poderosa lección también les enseñaría a «ellos»...

Ishtacar me aseveró que hallaría más claves en Egipto. Y luego se marchó, pronunciando una frase que jamás podré olvidar: «Para conocer la verdad tienes que ser parte de ella».

Capítulo 8

LO REAL EN LO IRREAL

Eso no fue todo. En las distintas interacciones que tuve en el contacto con «ellos» surgieron más datos. Como la importancia de tres lugares de Sudamérica que resguardan archivos de antiguas y desconocidas civilizaciones. Una especie de triangulación que agrupa las selvas del Paititi, la cueva de los Tayos y la sierra del Roncador. Estos puntos ya estaban bajo nuestra investigación hacía un tiempo. De hecho, en agosto del año 2000 se realizaron tres expediciones simultáneas a esos remotos escenarios siguiendo las indicaciones de los mensajes. Fui parte de esas pesquisas.

En mi investigación venía rastreando la posible existencia de una civilización madre, una cultura ignorada que se pierde en las nieblas del tiempo, cuyos sabios maestros pasaron a ser recordados como dioses o personajes legendarios. La historia del mítico Huyustus en el altiplano andino y la fundación de Tiahuanaco es un digno ejemplo. Pero debo decir que nunca estuve de acuerdo —y lo sigo pensando— en que las grandes construcciones del pasado fueran levantadas por los extraterrestres. Al margen de que haya ocurrido algún tipo de contacto o intercambio de información con nuestros antepasados, otro asunto es asegurar que las líneas de Nasca en Perú o las pirámides de Guiza en Egipto son obra de extraterrestres. Sin embargo, algunos objetos sagrados del pasado sí esgrimían una firma sobrenatural sospechosa, como la legendaria Arca de la Alianza. En el caso del mundo andino, el objeto de poder por excelencia era el Disco Solar del Paititi, una pieza dorada construida con una secreta aleación que recuerda al Oricalco de los atlantes. Siglos atrás se hallaba custodiada en el Cusco, pero ante el arribo de los conquistadores españoles fue sacada del Templo del Sol para ponerse a resguardo de los *Paco Pacuris* (guardianes primeros) en la supuesta ciudad perdida del Manú. En el contacto surgió este tema y «ellos» no solo reconfirmaron la existencia de esa herramienta de poder, sino de otras doce semejantes que se encontrarían repartidas en distintos puntos de América y la Antártida.

Ya me he referido al misterio de los trece discos solares en mis anteriores libros. ¿Realmente existen? Desde el punto de vista arqueológico es un delirio.

Cito esta información, que se ha hecho muy popular en el mundo del misterio, porque surgió de mi experiencia en Chilca en el 2001. Admito que no tengo forma material ni objetiva de corroborarla. Pero quienes realizamos las expediciones a los distintos puntos en donde estos supuestos discos permanecen ocultos vivimos cosas increíbles que nos inclinaron a considerar la posibilidad.

«Ellos» me aseguraron que la función de esta red de elementos, concentrada especialmente en Sudamérica, era equilibrar el campo magnético terrestre ante una mutación que nacería en la región. Según los extraterrestres, la «anomalía» tendría su origen en importantes cambios en el núcleo planetario que estarían relacionados con la actividad del Sol. Nuestra estrella, más allá de sus cambios cíclicos en la producción de energía a lo largo de su vida útil, se comportaría de forma distinta debido a una radiación procedente de Sagitario A, el misterioso centro de la galaxia donde nuestros científicos confirman la existencia de un agujero negro supermasivo.

Varios años más tarde, cuando presenté este contacto en Buenos Aires, una asistente se acercó al final de mi conferencia y me puso al tanto de un extraño fenómeno en la costa sur atlántica de Sudamérica que estaba preocupando a la NASA. Quien me hablaba era Kristen Neiling, psicóloga y socióloga argentina, con un doctorado en el MIT y miembro del Grupo de Desastres y Catástrofes de Cruz Roja Internacional. A pesar de su evidente raciocinio, Neiling se había adentrado en teorías alternativas para explorar la consciencia y la relación que el clima terrestre tiene con la psique de los humanos. Para tal fin creó sitios y publicaciones como *Cambios Planetarios*, *The Camino* y *Earth United*.

Neiling tenía razón. La NASA finalmente reconoció el problema con un comunicado oficial el 16 de diciembre del 2008. Sus sondas espaciales estaban teniendo dificultades durante su paso sobre esta «grieta» en el campo magnético, un fenómeno que denominaron «Anomalía del Atlántico Sur». Neiling, el periodista argentino y buen amigo Brad Hunter, y este servidor le dimos seguimiento al asunto. Hoy, esta «anomalía» (una depresión local en la magnetosfera) se ha extendido a tal punto hacia el oeste que ya cubre buena parte de Sudamérica.

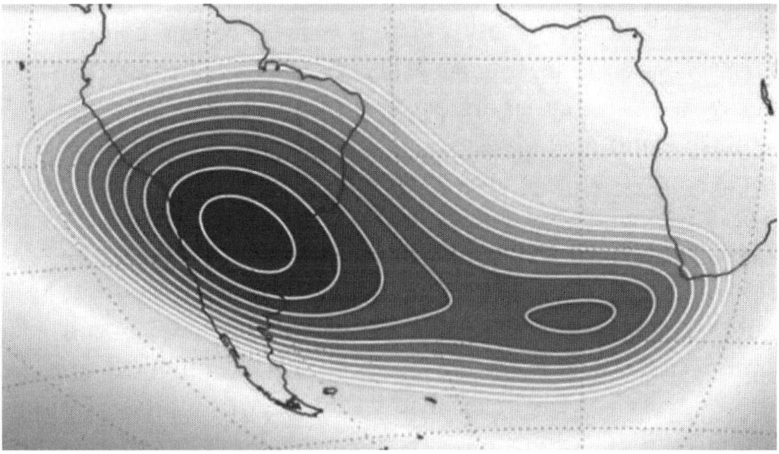

Los científicos tratan de poner paños fríos y aseguran que este fenómeno es cíclico y que no es precursor de una posible inversión de los polos magnéticos.

Ahora mismo (como se puede ver en el gráfico), la «anomalía» parece asentarse sobre el altiplano andino y el desierto de Atacama. El tiempo dirá.

Hubo otras dos cuestiones que surgieron en este increíble contacto que no puedo dejar de mencionar. Ishtacar me informó que habían detectado un «foco de tensión» en Estados Unidos y que este estallaría conduciendo al país a un nuevo conflicto con Oriente Medio. Las palabras «septiembre» y «Nueva York» resonaron en ese instante en mi cabeza. Luego, la «coordenada» se transformó en un parámetro: «2-12 de septiembre», como si fuese el espacio de tiempo en el que «ellos» estimaban que iba a explotar ese foco de tensión que tenía como eje la ciudad de Nueva York.

Abro otro paréntesis...

En el mes de julio, cinco meses después de mi contacto, estuve en el famoso y ampliamente escuchado programa de radio de Renán Armendariz Coello, que se transmitía desde Los Ángeles. Hablé de mi encuentro con los extraterrestres y del inquietante mensaje que implicaba a Estados Unidos. Acto seguido ofrecí una conferencia abierta en el inmenso parque Griffith (su extensión es de unos 17 km^2). El impacto del programa fue tal que asistieron unas dos mil personas. Pero apareció la policía y dispersó a la multitud. Luego viajé a Nueva York y compartí mi experiencia en la legendaria estación de radio hispana WADO.

En esos días ocurrió un hecho del que nunca he escrito. Estaba hospedado en casa de unos amigos en el barrio de Queens. Tenía que viajar por unos compromisos a Manhattan y tomamos el tren y luego el metro para no tener que lidiar con estacionamientos. Durante ese viaje, «alguien» me habló en el tren. Una voz masculina me afirmaba que me estaban siguiendo y observando «por mi protección». Miré disimuladamente en todas las direcciones, pero no detecté nada raro en la cabina del tren. De improviso la voz me dice: «Estoy sentado frente a ti, el hombre con el periódico abierto». Efectivamente, el hombre del diario estaba allí. «Voy a cerrar el periódico, lo doblaré dos veces y me bajaré en la siguiente estación», me afirmó. Cuando el hombre se puso de pie y plegó dos veces el diario sin dejar de sostenerme la mirada, tuve un vuelco en el corazón. Se bajó en la siguiente estación y mentalmente me dio esta orden: «No lo comentes con nadie». Obedecí. Mis acompañantes en ese viaje nunca supieron lo que sucedió... Ahora lo puedo contar. Aunque me reservaré la descripción del hombre del diario.

Días antes del fatídico 11 de septiembre del 2001, acudí con un grupo a Monte Shasta. Estábamos a las puertas del vencimiento del «plazo» marcado por los extraterrestres. «¿Qué sucederá?», nos preguntábamos. Cuando los aviones se estrellaron en las Torres Gemelas del World Trade Center, me encontraba en California. Mi impacto y mi enojo fueron mayúsculos.

Si «ellos», de alguna forma, lo habían anticipado, ¿por qué no lo evitaron? Amén de otras situaciones semejantes en el mundo. Podía intentar comprender aquello de respetar nuestro libre albedrío, de no interferir directamente en nuestro proceso, pero ¿por qué hablarme a mí de ese «foco de tensión» y de sus repercusiones en Oriente Medio? Repercusiones, no hay que olvidarlo, que persisten hasta nuestros días más allá de la guerra. Hubo importantes consecuencias en materia de seguridad, viajes aéreos, administración de datos, privacidad y un largo etcétera. Geopolítica pura y dura. Se haya tratado de un atentado terrorista o de una conspiración interna como consideran no pocos analistas, de lo que no hay duda es de los oscuros ecos del 11-S. Una huella que también es psicológica en la consciencia humana. Dependiendo de la edad de quien ahora me lee, muchos «recordamos» lo que estábamos haciendo en el momento en que nos sorprendió esta noticia. El *shock* fue total. ¿Era lo que «ellos» pretendían de mí? ¿Una «lección» más? Y van...

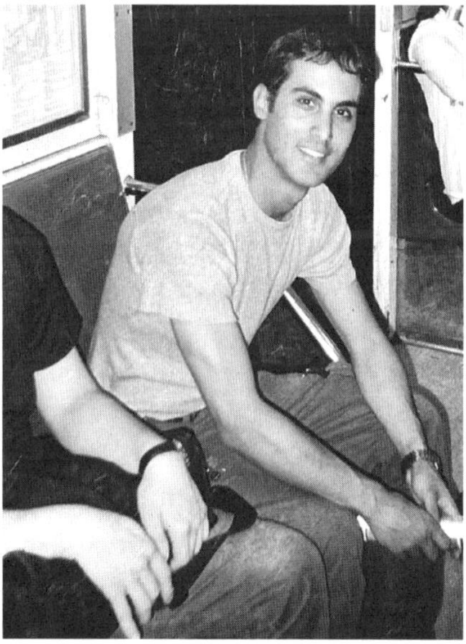

Ricardo momentos antes del extraño encuentro en el tren de Nueva York, 2001.

Tal vez deseaban que mi testimonio de contacto afectara a mucha gente «antes» del incidente. A través de las entrevistas en los medios de Estados Unidos llegué a cientos de miles de personas. No exagero. El referido programa de Armendariz Coello tenía más de tres millones de oyentes a diario. Por medio de nosotros, los testigos de contacto, «ellos» también parecían monitorear las reacciones humanas. Una especie de *focus group* a gran escala que tenía como punta de lanza a los contactados.

¿Somos, pues, víctimas de una manipulación? ¿O agentes de un complejo y gradual proceso de concienciación?

El retorno

Me es difícil calcular cuánto tiempo estuve con «ellos». Tenía la sensación de varias horas.

En mi mente resonaba cada una de las alucinantes informaciones que pude absorber en esta experiencia. ¿Recordaré todo?

Algo increíble que comprobé que sucede en estos contactos es la penetración de los «diálogos»: la interacción con estos seres queda patente en la memoria como por arte de magia. Igual nunca me he querido fiar de este fenómeno y pacientemente he anotado todo lo que podía recordar en mis cuadernos de campo, mi mayor tesoro... Pero aquí hay otro dato relacionado que no puedo omitir.

Siempre me ha resultado extremadamente curioso que no me llamen por mi nombre (salvo en alguna ocasión concreta). Habitualmente se dirigían a mí de otra forma, empleando un «código» que sonaba semejante a los «nombres» de estos seres. Decían que era mi «firma frecuencial», y que en ella era donde se depositaba la información, no en la «mente humana» de Ricardo (aunque esta hará grandes esfuerzos por comunicar lo vivido). Esta idea, muy conocida en el contactismo como «nombre cósmico», me recordaba el concepto hindú de *Shabda* («sonido sagrado», una energía dotada de poderes creativos), considerada como la emanación musical del origen del universo, presente en cada objeto y ser que lo habita.

Finalmente, no puedo dejar de mencionar que otro de los temas que más me impresionaron en este contacto fue la referencia a Jesús de Nazaret...

Sé cómo suena...

Para estos seres la misión de Jesús significó un acontecimiento mucho más poderoso que la simple irrupción de una figura humana que destacó en su tiempo por sus enseñanzas y mensaje. Lo definieron como un «ser-puente» que rompió el molde de la «realidad». No en vano Jesús acudió al monte Hermón —la auténtica montaña de la transfiguración— antes de iniciar la etapa final de su sagrada encomienda. No eligió por azar la montaña de la caída de los Vigilantes.

Algún día publicaré la historia que «ellos» me han transmitido sobre el gran mensajero...

Hasta aquí, he procurado compartir una síntesis de las informaciones más relevantes de este contacto, o las que mejor puedo describir. Eso espero. Confieso que cuando surgió la «rampa de luz» de la nave para alcanzar el pedregoso suelo del desierto de Chilca experimenté una sensación de tristeza. Me había terminado de acostumbrar a estar con «ellos» y volver era como entrar en un sueño. No sé cómo explicarlo. La experiencia con los extraterrestres fue tan sentida, nítida y contundente, que parecía estar saliendo de una realidad mayor.

Tengo vagos recuerdos de cómo descendí por la mencionada «rampa de luz». Una de las escenas que persiste en mi mente es el desconcierto de tener que bajar por ese puente luminoso, ligeramente traslúcido, que permitía ver el suelo. Pensé, ingenuamente, que podía caer. Pero al pisarlo era tan sólido como una plataforma de cemento. Ese tipo de tecnología ya aparece en las películas espaciales de los años treinta, alegan los *debunkers* de las experiencias de contacto. Sin embargo, esas «luces sólidas» y los «rayos tractores» ya se describían en viejos relatos religiosos que tienen miles de años de antigüedad. «Ellos» han logrado controlar la luz, y no nos debería sorprender. Por citar un caso, científicos de la Universidad de Ciencia y Tecnología QingDao en China lograron construir un nuevo láser capaz de formar un rayo tractor óptico capaz de manipular objetos a distancia. Los resultados fueron publicados en la revista *Optics Express* (2023). Es solo el inicio de la tecnología que nos espera.

Nada más ser «devuelto», esa luz mágica de la rampa se apagó, como quien apaga una linterna, y la nave se marchó emitiendo destellos sobre el colchón de nubes mientras ocasionaba un curioso ruido metálico. Su sombra lenticular se apreciaba cada vez que despedía esos intensos resplandores, como los relámpagos de una tormenta.

Consulté mi reloj: eran las 23:07 horas. Así lo anoté en mi cuaderno de campo. Me había ausentado una hora y cuarenta y cinco minutos. Como ya dije, yo calculaba un tiempo mucho mayor. Estimo unas cinco horas. No importa, es un detalle menor frente a todo lo que pude compartir con esos seres.

Y ahora, ¿cómo afronto las consecuencias de tamaña vivencia?, me pregunté una y otra vez. Me acusarán de loco o embustero.

Al volver a casa la mañana siguiente, domingo 25 de febrero, mis padres me expresaron su preocupación. Me dijeron que no habían podido dormir en toda la noche porque sentían que algo increíble me estaba sucediendo. No sabían nada de la invitación de los extraterrestres. Solo les dije que iba de campamento con los muchachos del grupo.

Mamá me quiso servir el almuerzo, pero decliné, prefería descansar. Me sentía raro. Solo quería dormir. Lo hice hasta que mis padres me despertaron visiblemente alterados. Ya era de noche. «¡Dormiste demasiado, no te podíamos despertar!», me dijo mi padre. El detalle es que era el lunes 26 de febrero... ¡Había dormido más de veinticuatro horas de un tirón!

Fue una ardua tarea asimilar el contacto. Se sucedieron dantescas semanas de desconcierto.

Paraufología

Evocar esa época de mi vida me sacude internamente. Me hace revivir los inicios de mis encuentros con «ellos», sea lo que haya sido.

Y he aquí la pregunta que intenté responder en esos intensos años de mi juventud: ¿verdaderamente estuve dentro de una nave con seres extraterrestres de aspecto humano? Pasé de la certeza de estos contactos que defendía con pasión en los años noventa —gracias a los contundentes avistamientos con cita previa y el primer encuentro cara a cara con Antarel— a la duda y la extrema perplejidad tras mi supuesta visita a la nave. Claramente eran cosas muy distintas. Mi mente parecía haber «digerido» los primeros contactos, pero se atragantó y entró en resistencia cuando fui llevado dentro de «aquello». Sin embargo, no solo se trataba de la experiencia en sí, sino también de las potentes informaciones, una implacable máquina de demolición de mis paradigmas. Si bien ya estaba empapado de varios temas que los extraterrestres habían tocado en sus mensajes, otro asunto era profundizarlos en un encuentro directo que, además, aportó nuevos y reveladores detalles. Ya lo he dicho, era como estar inmerso en una película de ciencia ficción.

En esos días de confusión y durísimo choque de realidades solía ir a caminar a Miraflores. Necesitaba ver a mucha gente, escuchar el barullo de la calle y los clásicos bocinazos de los coches que transitan desordenadamente la ciudad de Lima. Paseaba por el Larcomar Shopping, que hacía pocos años que había sido inaugurado, para recorrer sus tiendas y entretenerme mirando escaparates. En fin, necesitaba impregnarme de lo humano.

En el mes de marzo de aquel removedor 2001 viajé a Egipto y allí empecé a comprender las aseveraciones de Ishtacar. Volví a las pirámides de Guiza en el 2003, y entonces todo acabó de explotar.

Una poderosa experiencia dentro de la Gran Pirámide (publicada en mi libro *Nuestros Lazos Extraterrestres* del 2005, y profundizada en *El Portal Cósmico de Orión* en el 2016) terminó de hacer estallar mi cabeza. Viví algo que hoy podría catalogar de «proyección extracorpórea», un estado no ordinario de la consciencia que me permitió «viajar» y zambullirme en las historias que Ishtacar me había anticipado en el contacto del 2001. Los entresijos de Orión...

El autor en su primer viaje a Egipto, 2001.

Debo decir que estos contactos y sus sísmicas informaciones dividieron las aguas en los grupos de Lima. Por un lado, mi testimonio fue tomado con sumo interés y credibilidad porque los grupos me conocían. Sabían muy bien que estaba lejos de tener una mente alucinada y fantasiosa. Sin embargo, otros adoptaron una postura bastante crítica, especialmente en relación a las informaciones que compartí. Supuestamente, contradecían la columna vertebral del llamado «Plan Cósmico» recopilado en Rama. Entre otras cosas, se cuestionó la existencia de Ishtacar porque no había sido reportado en los viejos informes del grupo...

Más allá de la controversia recogí la oportunidad para investigar más. Recuerdo que en el 2005, en un intento por aglutinar y analizar en profundidad las distintas informaciones que circulaban en los grupos de contacto, redacté un documento de veintidós capítulos sobre esta supuesta agenda extraterrestre y lo publiqué abiertamente en internet (con el entonces grupo Onanel de Miami). Pero el sector más conservador de Rama lo modificó sin mediar diálogo alguno y volvió a publicar mi trabajo con el título añadido de «corregido».

Entonces comprendí que mi ciclo de aprendizaje en el grupo estaba terminando.

Rama, según los mensajes de estos seres, representaba una de tantas «misiones secundarias» operativas que obedecían a la «gran agenda». Su principal objetivo era promover el conocimiento de que no estamos solos y crear comunidades mentales positivas que pudiesen afectar el curso de los acontecimientos futuros. En definitiva, irradiar luz, accionar como «soles en la Tierra», uno de los significados de la palabra *Ra* (Sol) *Ma* (Tierra). Aunque lo que estaba viendo en un sector de los grupos era otra cosa: celos, dogmatismo y fanatismo.

No obstante, mientras cabalgaba en esa accidentada orografía, seguí investigando la naturaleza del fenómeno contacto. Debo reconocer, como ya he dicho en otras ocasiones, que en un momento llegué a lamentar la apurada publicación de mis informes y libros. Descubrí en mis escritos la influencia del círculo que me rodeaba. Mas el elemento fundamental seguía siendo la experiencia en sí misma: real, auténtica y demoledora. Otro escenario era cómo había procesado los contactos para su divulgación. Aprendí de ese error. Y no fue un súbito despertar, aclaro. Era el inicio de un proceso de «desintoxicación» que me llevaría largos años.

Desde un principio he intentado entender los fenómenos que he afrontado. En 1998, a raíz del singular encuentro con un «ser de luz» en las cuevas de la Zona X en Cusco —donde me acompañó mi recordado Sergio Cáceres Huamán, un *paqo* o sacerdote andino—, exploré trabajos de ufología que proponen una explicación parafísica para los encuentros cercanos. Entonces empecé a ver con otros ojos lo ocurrido en la cueva ritual de Cusco. Y es que para Sergio estuvimos frente al espíritu de un inca y para este servidor ante un ser de otras realidades que nada tenía que ver con nuestros antepasados (describo esta experiencia al detalle en mi ya citado libro *Lugares de contacto*). ¿Quién tenía razón? Tal vez ninguno. Títulos como *Un mito moderno:*

sobre cosas que se ven en el cielo (1958) de Carl G. Jung, *Pasaporte a Magonia* (1969) de Jacques Vallée, *Operación Caballo de Troya* (1970) de John Keel o *Lo no identificado: notas para resolver el misterio ovni* (1975) de Jerome Clark y Loren Coleman —responsables de acuñar el término *paraufología*— fueron algunos de los trabajos que consulté en aquel entonces. Leo inglés y en mis viajes a Estados Unidos procuraba hacerme con obras que en Sudamérica eran prácticamente desconocidas. Así metí las narices en la hipótesis parafísica de los encuentros cercanos. Me resultaba urgente examinar, desde otra perspectiva, mis propias experiencias paranormales de cuando era niño y su relación con los ovnis. Además, un miembro de la orden rosacruz echó más leña al fuego al obsequiarme con una copia de *Realidad Daimónica* (1995) del escritor inglés Patrick Harpur, quien sugiere lo mismo que los autores antes reseñados: las apariciones de entidades no siempre se deben tomar literalmente, pues en ellas se esconde un gran componente psíquico. Estoy de acuerdo.

En la logia de Amorc, el tema extraterrestre brillaba por su ausencia —tuve mis discusiones al respecto—, pero la exploración de los fenómenos paranormales y el estudio de inteligencias desconocidas de la naturaleza (o de una consciencia interdimensional organizada y enraizada en la Tierra) era el pan nuestro de cada día. ¿De allí sacó Jacques Vallée algunas de sus ideas? Como ya dije, el científico y ufólogo francés fue parte de los rosacruces. Estuvo ligado durante varios años a la logia francesa antes de escribir su influyente libro que pone el acento en el mundo imaginario de «Magonia», ese folclore «sobrenatural» que se halla presente en los distintos pueblos y que lo llevó a desarrollar su hipótesis parafísica para explicar los contactos con «entidades exóticas», sean estas hadas, duendes, genios de la lámpara, apariciones marianas o extraterrestres. Supuestamente, «algo» se iba acomodando a las creencias humanas a lo largo de las edades. Ya he abordado esta materia en mis anteriores libros. Sin embargo, considero importante volver sobre lo ya escrito para que mis nuevos lectores conozcan el origen de mis indagaciones. Y más aún cuando estas viejas hipótesis paranormales y psicosociales para explicar el fenómeno contacto —tan antiguas como la hipótesis extraterrestre, no hay que olvidarlo— han sido resucitadas en nuestros días por los nuevos investigadores. Lo «parafísico» se volvió a poner de moda de la mano de los modernos estudios sobre la consciencia y la existencia de universos paralelos.

Iré al grano: Antarel, Ishtacar o Ivika —protagonistas de las informaciones sobre el programa espacial secreto hacia Alfa Centauri— ¿eran, en realidad, entidades «daimónicas» que se hicieron pasar por extraterrestres? ¿El fenómeno tomó de mi subconsciente datos relevantes para «adaptarse» a mis conocimientos y creencias? ¿O será que los contactados generamos una proyección psíquica externa que se comunica como si fuese una entidad independiente?

El laberinto *daemónico*

Los *démones* son citados en la literatura griega como entidades intermediarias entre los mortales y los dioses. Podrían accionar como protectores, pero, en ocasiones, cumplen el rol de mensajeros de algún peligro o fatalidad. Este concepto se mezcla y confunde con el *Daimón* de Sócrates, una voz de la consciencia o guía interior que en puntuales ocasiones acude para iluminar el juicio humano. Platón y Jenofonte, discípulos de Sócrates, hablan repetidamente de ello. Aunque en el mito de Er, en *La República*, Platón concluye que más allá de estas intervenciones espirituales cada ser humano es responsable de su destino. Creo en esto último.

Existe una gran controversia para definir a las entidades *daemónicas*. Para unos, es un símbolo, un mensaje detrás del mito. Para otros, son consciencias de la naturaleza que emparentan con el misterio de los elementales. Pero la discusión también llevó a relacionarlos con acciones angélicas o de demonios, palabra que, precisamente, proviene de la expresión griega *Daimón*, aunque en este caso con connotaciones malignas. Hay que tener en cuenta que esta palabra tiene significados distintos según sea el contexto. Para los antiguos griegos, subrayo, *Daimón* no es una entidad maligna, sino un genio protector.

En resumen, para no pocos escépticos del contacto con seres extraterrestres los testigos estuvimos coqueteando con entidades *daemónicas* o juguetones seres feéricos... Ciertamente ignoramos muchas manifestaciones del mundo espiritual. Desde luego que todo es posible. Aunque esta hipótesis es insuficiente para explicar la complejidad de casos como el mío.

Haciendo frente al posible «engaño», sea cual fuere su naturaleza, debo remarcar que en treinta años de vivir estas experiencias «aquello» nunca supuso una consecuencia negativa en mi persona. El impacto y el desconcierto es natural cuando se enfrenta lo desconocido, pero más allá de eso la experiencia de contacto, en su esencia, ha sido positiva y transformadora. «Ellos» nunca me obligaron a nada. Siempre fueron respetuosos con mis decisiones. Tampoco mintieron. Se cumplieron a rajatabla muchas cosas que anunciaron. Y no solo los vi yo, sino también otros testigos, y en repetidas ocasiones. Por si ello fuera poco, me han permitido invitar en ocho ocasiones a periodistas y reconocidos investigadores a «pruebas físicas», los ya citados avistamientos con cita previa, que han sido fotografiados y filmados (hablo detalladamente de esto en mis anteriores libros). En los repetidos viajes y expediciones alrededor del mundo, inspirados por los mensajes de «ellos», nunca, pero nunca, nos ocurrió nada grave. Al contrario, una «mano invisible» nos ayudaba en situaciones increíbles para superar todo tipo de contratiempos. Nadie se volvió «loco» ni enfermó por esto. Más bien hubo numerosos casos de curaciones extraordinarias, y no ocurrió por nuestra «fe en los extraterrestres».

«Necesitan un buen psicólogo o mejor algún psiquiatra», dicen, con desprecio, los negacionistas. En nuestro actual equipo de trabajo hay varios psicólogos y psiquiatras que también están teniendo contacto con «ellos». Pilotos, militares, científicos, periodistas, sociólogos, escritores y artistas, también forman parte de nuestras experiencias. No somos, pues, una panda de analfabetos y crédulos de los marcianitos verdes. «Algo» extraordinario y real nos sucedió, aunque esto incomode e irrite a los detractores de turno. Es muy fácil sugerir que fuimos burlados y engañados por entidades espirituales desconocidas. Tampoco creo que hayamos creado un falso contacto por culpa de nuestra psique, como una suerte de *Tulpa* tibetano —un ser u objeto materializado mediante poderes mentales—. Si es así de fácil, me gustaría «crear» que Perú gane el mundial de fútbol.

Disculpe el lector la ironía.

Ahora bien, dicho esto, sí estoy de acuerdo en que los encuentros cercanos tienen un importante componente psíquico que nos obliga a considerar el espacio interior más que a las entidades del espacio exterior que nos estarían contactando. Desde el inicio, estos seres aseguraron que «al final» comprenderíamos que el verdadero «encuentro cercano» que necesitábamos tener no era con «ellos», sino con nosotros mismos. Creo que ahí está el corazón del mensaje...

Mi «visita» a la nave me terminó de convertir en un pensador de la incertidumbre que anida en el vasto universo de los encuentros cercanos. Un sobreviviente del impacto de lo altamente improbable. Un buscador del oculto significado que yace «detrás» del gran teatro ovni, que muchas veces se nos presenta con elementos absurdos, plagado de arquetipos, inundado de rasgos oníricos, y al mismo tiempo alardeando de su aplastante realidad.

Creo que para intentar «ver» lo real en lo irreal tenemos que deconstruirnos.

Quizá, la experiencia es lo único «real» y nuestra humana posición, desde donde pretendemos analizarlo todo, la demente ilusión...

Capítulo 9

LA ESPADA DE DAMOCLES

Hacerme estas preguntas y poner el dedo en la llaga de ciertos temas me fue convirtiendo en un elemento disruptivo dentro del sector más conservador de los grupos de contacto. Al parecer, el problema para algunos miembros eran mis «excesivas» indagaciones. ¿Por qué darle tantas vueltas a tremendas y maravillosas experiencias que han cambiado totalmente nuestras vidas? Yo pensé lo mismo al principio. Mas la duda no señalaba la experiencia en sí, sino todo lo que rodea el contacto, su amplia naturaleza y sus consecuencias. Para mí era importante considerar este fenómeno con suma atención, aunque nunca lleguemos a comprenderlo en su auténtica magnitud.

Pero jamás negué lo que viví. Es imposible. Y mi testimonio de contacto nunca cambió a través de las décadas. Siempre fui sólido y coherente. Y me resultó sencillo porque solo me remití a difundir lo experimentado, un hecho real como una roca. E insisto en que a día de hoy no descarto, en absoluto, la posibilidad de que estos visitantes sean, efectivamente, lo que dicen ser: enviados de otros mundos y realidades.

Fueron mis análisis, mis variadas interpretaciones del fenómeno y hasta mi forma de divulgar el contacto las que sí tuvieron un cambio que se ha hecho evidente con el aleccionador transcurrir de los años. Los sectores conservadores del contactismo me atacaron por eso. Dijeron que me estaba pasando al bando de los escépticos. El escepticismo es dudar y no veo nada de malo en ello. Harina de otro costal es el escéptico recalcitrante, el desinformador y el negacionista. Está claro que estoy lejos de eso.

Que un investigador o testigo de contacto modifique su opinión sobre algún tema (por haber reunido mayores elementos de juicio) o que haga un ejercicio de autocrítica no debería escandalizar. No creo que esté mal pensar e intentar discernir. Más bien creo que no cambiar es sinónimo de estancamiento.

Sí, hoy tengo otra visión de las cosas. Soy un hombre a meses de cumplir medio siglo de edad, no el niño que vio sus primeros ovnis en El Bosque ni el adolescente que se entregó a los grupos de ufología y contactismo. Ha corrido mucha agua bajo el puente y hoy comprendo con mayores luces la gran responsabilidad que supone transmitir estas informaciones al gran público. Ahora bien, dentro de los grupos de contacto y de ufología que frecuentaba en Lima rescato a muchas personas que valoraban la importancia del análisis y la reflexión, como mi querida Luz Castilla y el ya citado grupo Maranga. Y aquí no puedo olvidar a mi entrañable amigo, el sociólogo e investigador peruano Giorgio Piacenza, gran compañero de aquellos años en los que buceamos en el océano de los interrogantes.

Giorgio Piacenza y el autor, en la sede de la Fuerza Aérea Peruana en donde funcionaba la oficina de investigación de fenómenos aereoanómalos. Miraflores, Lima, 2021.

Rose Marie Paz Wells, la nueva presidenta del IPRI, era otra contertuliana que echo mucho de menos. Partió con solo cuarenta y seis años en el 2004 y ahí terminó el legendario Instituto Peruano de Relaciones Interplanetarias. «¿Es cierto que Xanxa (una extraterrestre "apuniana") contactaba contigo, pero interrumpió la comunicación porque te generaba dependencia?», pregunté a Rose Marie sobre este mito extendido en los grupos de contacto. «No, yo decidí cortar con esos mensajes para dedicarme solo a la investigación. El contacto es un fenómeno auténtico, sin embargo, quise alejarme de los entornos delirantes», me contestó con firmeza en un café del bohemio barrio de Barranco.

Resulta paradójico, pero los propios extraterrestres sostenían en sus mensajes que era fundamental el discernimiento. Siempre recomendaron que debíamos meditar sobre todo lo vivido para alcanzar nuevos horizontes de comprensión. Era increíble que «ellos» mismos lo dijeran y que su «recomendación» tuviese resistencia...

Doctores mentales

«Ellos» explicaron que el grupo en operaciones que nos contactaba era una especie de misión antropológica. Estos seres se habían preparado especialmente para la interacción con el humano. Aprendieron nuestra cultura, examinaron nuestros miedos, ahondaron en nuestros sueños, todo a tal punto que parecían conocernos más de lo que nosotros mismos creíamos hacerlo. Esta minuciosa preparación de los orientadores o guías instructores extraterrestres también contenía un importante factor psíquico para relacionarse con el contactado. Yo lo denomino el factor de «adaptación».

Los extraterrestres designados para el contacto con un humano son presentados como «doctores mentales» y su primer paso es crear el puente telepático con el testigo. Si este puente madura, se pasa al siguiente nivel, que implica otro tipo de experiencias que van desde lo onírico a lo interdimensional. En esas interacciones, toda la cultura del contactado será usada por los extraterrestres como «lenguaje de expresión». Este sistema no es perfecto, tiene sus *bugs* como en el *software,* que constituyen los elementos ilógicos o incongruentes que se pueden colar en numerosos casos de contacto. Es así porque «ellos» no tienen el total control de la experiencia. Interviene, y mucho, la mente del contactado, que no es una mera observadora pasiva del fenómeno.

Remarco que el concepto «doctor mental» y el aspecto psíquico que envuelve los contactos ya se mencionaba en los grupos de Lima en la década de los años setenta. Pienso que este detalle puede explicar un porcentaje de los reportes de encuentros cercanos y sus «anomalías». En suma, los aspectos arquetípicos y elementos de alta extrañeza que surgen en una experiencia con los supuestos tripulantes de los ovnis no significan, necesariamente, que el contacto con «aquello» no existió y que solo se trató de una proyección de la mente bajo un estado no ordinario de la consciencia. Alucinaciones generadas por el propio individuo desde luego que las hay, pero aquí estoy refiriéndome a los casos auténticos de contacto con una inteligencia no humana. Incluso existen trabajos que apuntan al síndrome de hipersensibilidad electromagnética, también desencadenante de curiosas experiencias mentales por estimular —según el neurólogo cognitivo estadounidense Michael Persinger— el lóbulo temporal del cerebro. Aquí entraríamos en una acalorada discusión para hallar a los responsables de las experiencias: ¿acaso el lugar donde ocurrió el contacto? (zonas del mundo con un alto grado de energía). ¿Un estímulo natural como puede ser la energía liberada en una poderosa tormenta o en un sismo? ¿O una fuente externa e inteligente, no humana, que desencadena «adrede» este fenómeno en la mente del testigo? ¿Y qué entendemos por mente? ¿Y si nuestra consciencia es no local? Ya lo veremos. En definitiva, estos estímulos no explican el amplio abanico de casos de contacto físico.

Soy un gran lector del mitólogo estadounidense Joseph Campbell, pero tampoco creo que el fenómeno contacto sea solo un mito que ha evolucionado a través del tiempo.

Estoy de acuerdo con el folclorista Thomas Bullard, también estadounidense, y el ya citado investigador británico Patrick Harpur, en que los pasos básicos de una abducción extraterrestre se asemejan a ciertos procesos iniciáticos chamánicos. Etapas de la experiencia que implican una «captura», para luego pasar a un examen, deliberación, excursión, viajes a otras realidades, teofanías y un retorno plagado de consecuencias. Sin embargo, no en todos los aspectos estos procesos son semejantes. Y es una inexactitud afirmar que las iniciaciones siempre contienen captura y horror como los populares casos de abducción extraterrestre. No se puede generalizar tanto para defender una hipótesis. Creo que el gran John Mack, psiquiatra y profesor de la Escuela de Medicina de Harvard y un experto muy respetado en este asunto, no estaría de acuerdo. Además, ese no fue mi caso. No soy un «abducido». Se trató de una invitación, un contacto amable de mutuo acuerdo. «Viaje a otra realidad», «Teofanía» (aparición de entidades extraordinarias que ocasionan una expansión de la consciencia) y un retorno con importantes secuelas de impacto y transformación, se podría decir que sí, pero no me atrevería a sentenciar que los ovnis y el fenómeno contacto procedan en su totalidad de nuestra «imaginación». Más bien el fenómeno nos obliga a mirarnos a nosotros mismos y explorar nuestra auténtica naturaleza espiritual.

No todo es lo mismo en el fenómeno de los encuentros cercanos. Debido a su complejidad me he inclinado por lo que denomino Hipótesis Múltiple (HM) para intentar explicar las anomalías y su distinto origen. No soy el primer investigador en proponerla, pero entiendo que mi condición de testigo de contacto le da otro color. Y es que, habitualmente, los contactados defienden con fervor y obstinación la naturaleza del fenómeno que enfrentaron, desechando cualquier otra explicación. Se cae, con facilidad —y lo digo por experiencia—, en una «visión de túnel». Considero que hay que salir de la pecera porque nos aguarda un descomunal espacio para ser explorado.

En mis constantes viajes por el mundo, asistiendo a conferencias y congresos de ufología, me he entrevistado con cientos y variados testigos de contacto. Algunos cuyo caso era muy conocido, y otros más silenciosos que acudieron a escucharme sin ganas de levantar mayor polvo porque preferían mantener su privacidad. Encontré un patrón en el grueso de todos ellos: la experiencia significó una positiva y extraordinaria transformación en sus vidas.

Sin duda, hay sucesos en el contactismo que no tienen una firma amable, como bien defendió en vida el recordado jesuita y ufólogo español Salvador Freixedo, pero mis indagaciones me convencieron de que buena parte de esos contactos habían sido bien valorados por los testigos. El grupo de investigación norteamericano FREE (hoy CCRI, Consciousness and Contact Research Institute), fundado por el mismísimo Edgard Mitchell y el reconocido astrofísico de la Universidad de Harvard doctor Rudy Schild, realizó una encuesta académica a cientos de *experiencers* (experimentadores, contactados) en distintos países del mundo y llegó a similares conclusiones. En este meticuloso y amplio estudio, del que yo mismo fui parte y en el que también participaron el doctor Jon Klimo y el doctor Leo Sprinkle, se evidenció que el 66 por ciento de los consultados tuvieron una experiencia de contacto positiva, el 29 por ciento una experiencia neutral y solo el 5 por ciento una experiencia negativa. También la mayoría de los entrevistados alegó haber tenido contacto con seres de aspecto humano, muy diferente a lo que se suele difundir en los medios o en el cine, en donde pululan las típicas criaturas enanas de gran cabeza. Este trabajo de casi ochocientas páginas fue publicado en el 2018 con el título de *Beyond UFOS: The Science of Consciousness and Contact with Non Human Intelligence* (<www.agreaterreality.com>).

Ahora bien, quienes investigamos este fenómeno sabemos que existe un desbordante catálogo de entidades que supera nuestra imaginación. Las que se muestran como humanos altos de aspecto nórdico parecen prevalecer en los encuentros cercanos, como ha sido mi caso. Pero ¿estos «doctores mentales» podrían estar usando esa forma para hacer más fácil la interacción con nosotros? Seres prominentes, estéticos, de cabellos rubios y hermosos ojos, encajan con ciertos estereotipos de belleza que anidan en nuestro subconsciente. Más allá de nuestras conjeturas, me animé a preguntarles a «ellos» al respecto, y su respuesta fue sorprendente: dijeron que algunos seres son «proyecciones adaptadas» creadas por inteligencias no extraterrestres: consciencias «ultraterrestres» que no podríamos comprender, pero que, en ocasiones, pueden interactuar con humanos cuya plasticidad mental y potencial psíquico lo permita. Por otro lado, me aseguraron que otras entidades reportadas en contactos físicos son robots biológicos animados por inteligencia artificial y «monitoreados» por sus esquivos creadores. En el caso concreto de Ivika (la fuente de esta información), aseguró ser una criatura semejante a nosotros, aunque con un desarrollo psíquico superior que le permite moverse a través de la ecuación espacio-tiempo. Su extremo parecido con los humanos pone de relieve otro tema inquietante: ¿la especie humana es descendiente de entidades extraterrestres antropomorfas? ¿Tenemos un «ancestro común» en el universo? ¿O algunos de «ellos» son nuestros descendientes en el futuro que viajaron a explorar el espacio? Quienes leyeron *Tierra II* saben a qué me refiero...

El camino solitario

Estas investigaciones no fueron expuestas en mis primeros libros, pero sí eran parte del contenido de mis conferencias. También constituían un eje importante de discusión en el grupo Maranga. Pasábamos horas y horas debatiendo y analizando, ya sea en la casa de Elard y Cuckie Pastor en San Miguel o en la de los Maza en el barrio de Lince. Silvia Salazar, Juan Maza, Nimer Obregón y Carmen Maza completaban este sólido núcleo de amigos compuesto por matrimonios. Nimer, ingeniero electrónico y antiguo miembro de los grupos de contacto desde inicios de los años setenta, solía ser la chispa que encendía nuestras animadas charlas. Apasionantes y épicas tertulias. Como ya dije páginas atrás, mantenemos un poderoso lazo de amistad. Cada vez que viajo a Lima nos reunimos para charlar sobre la actualidad del contacto, compartir una cena y brindar con un *pisco sour*.

Con ellos participé de mi último encuentro con los grupos Rama en el desierto de Chilca. Fue en el 2007. A partir de entonces empecé a alejarme, gradualmente, de los grupos y sus reuniones. Para mí era una etapa terminada.

Este momento de mi vida requiere algunas líneas aclaratorias...

En años recientes, ciertos ufólogos recelosos e incrédulos del contacto con extraterrestres se frotaron las manos aguardando el momento en que yo diría «todo fue mentira», en alusión a la experiencia del grupo Rama en Perú. Nunca dije ni diré eso porque sería faltar a la verdad. Doy fe de numerosas experiencias de contacto en las que incluso he participado al lado de la familia Paz.

Otro asunto son las interpretaciones del testigo o las posturas que se adoptan dentro de un movimiento contactista que creció demasiado y se salió de control. Soy muy crítico sobre este punto. De hecho, el grupo Rama tuvo que anunciar su disolución como organización a finales de 1990 por ese problema. Ya mencioné que me relacioné con sus miembros desde 1993. Sin embargo, todo seguía como si nada hubiese terminado: grupos de práctica, grupos de instructores, personas que continuaban operando como una especie de coordinadores nacionales, en suma, una estructura que sobrevivió a la «disolución oficial» aferrada a la nostalgia del pasado. El panorama era muy delicado. Se percibía claramente que los principales líderes del grupo de contacto, los ya referidos hermanos Charlie y Sixto Paz Wells, tenían ideas y posiciones marcadamente distintas. Hasta sus informes e interpretaciones de las primeras experiencias de contacto se contradicen en varios pasajes, algo fácil de notar leyendo sus propios libros. Entonces, mi irrupción en los grupos de Lima fue vista como una señal de cambio: algunos quisieron ver en mí a un «continuador»...

Y fue así que, cuando mi testimonio de contacto trascendió y empecé a ser invitado para ofrecer entrevistas en medios y dictar conferencias en distintos países, no pocos me compararon con la juventud de Sixto cuando salió al mundo a difundir su historia de contacto. Nos veían parecidos. Era comprensible. Ambos somos peruanos, con claro acento limeño, y en nuestro discurso se hallaban muy presentes Chilca y los extraterrestres. Afortunadamente supe despegarme de todo eso.

Tengo estima por Sixto y su familia. Fueron muy amables y generosos conmigo en aquellos tiempos. Y sigo considerando que los hermanos Paz Wells vivieron un contacto de base real, con ecos que aún resuenan. Lo he defendido siempre y lo seguiré haciendo. Pero tomo distancia de las exageraciones y mentiras, especialmente aquellas que se sembraron desde cierto sector de estos grupos que, en mi humilde opinión, cayeron en el fanatismo y, me atrevería a decir, en el delirio.

Fui señalado porque investigué temas que «no correspondían», como el verdadero origen de los contactos con seres de aspecto humano en Perú, que no surgieron en Chilca, sino en los Andes de Áncash en la década de los años cincuenta, incluso antes del caso Kapetanovic. Poner sobre el tapete historias como la ya referida de la familia Acervo, que mantenía comunicación telepática con los extraterrestres en Papa León XIII de Chilca, en el mismo desierto donde J. J. Benítez tendrá su avistamiento al lado de Charlie Paz Wells años después, incomodó porque cuestionaba la «historia oficial» de Rama. En este camino aprendí, equivocándome, que investigar no es recopilar datos que confirmen lo que uno piensa (un sesgo de manual), sino en atender toda la información disponible, así esta haga pedazos lo que creías. Encontré, pues, ingentes cantidades de polvo bajo la alfombra y las puse en evidencia porque tenía que ser honesto con la verdad.

Este mismo sector conservador e intransigente de los grupos propagó varios mitos para engrandecer a sus principales figuras. Por citar algunos de los más repetidos, se sostenía que Sixto Paz había compartido el mensaje de los extraterrestres en la Asamblea General de las Naciones Unidas en 1986. En realidad, la charla fue en un salón secundario vinculado a la organización, pero sin representantes diplomáticos de las naciones del mundo. Otra perla es que en algunos países lo llegaron a presentar como arqueólogo cuando no lo es, y en otras entrevistas como el artífice de la invitación de Benítez al contacto de Chilca, a pesar de que el propio Sixto lo aclara en su primer libro al informar que él no recibió el mensaje ni acudió al desierto (*Los guías extraterrestres*, 1985). Estas confusiones y exageraciones para enaltecer la imagen del contactado son una peligrosa bola de nieve. Yo mismo lo he padecido. Y pienso que los testigos de este fenómeno tenemos que entonar un *mea culpa* y reconocer que no somos totalmente inocentes de esas situaciones. El silencio es cómplice de los malentendidos...

Charlie Paz Wells también fue cuestionado por su postura crítica de los grupos de contacto, que según él habían perdido el rumbo original. Pero la gota que colmó el vaso para apuntarle con el dedo fue su cambio de género para presentarse como el primer contactado transexual del mundo. Así como se lee. Entonces Charlie cambió su nombre a Verónica.

Los grupos, sorprendidos, cuestionaron las exageradas formas que eligió para comunicar su transformación, que lo condujo a abandonar Brasil —en donde vivía hacía décadas y había formado grupos—, para radicarse finalmente en Canadá. Su exesposa Cristina me confesó en Brasil que fue un largo y doloroso proceso. ¿Esta metamorfosis de Charlie era fruto de sus contactos con los extraterrestres? ¿Su mente había sido afectada a tal punto que disparó en él una crisis de identidad?, se rumoreaba en los congresos de ufología. Charlie, antes de vivir sus experiencias de contacto, ya tenía esta condición, a la que solo pudo hacer frente cuando era un hombre maduro en Brasil. Los presuntos extraterrestres no lo juzgaron para tener un contacto con él. ¿Por qué deberíamos hacerlo nosotros? Tengo muchas diferencias con Charlie, pero jamás sepultaría todo el trabajo que hizo. De hecho, fue él quien formó los primeros grupos de contacto en Lima, que dejó a cargo de su hermano Sixto en 1976 cuando viajó a Brasil para estudiar en el Instituto de Psicología de la Universidad de San Pablo. Así surgieron dos procesos totalmente distintos a pesar de tener un mismo origen.

Para Charlie, era un «experimento sociológico» de los extraterrestres.

En medio de estos dos fuegos vine a parar...

Así pues, mientras algunos me interpretaban como el cambio, la «continuación» edulcorada del proceso de contacto, los grupos más cercanos a Sixto me empezaron a ver como una amenaza, al punto de haber intentado sabotear mis presentaciones y conferencias en lugares en donde ellos tenían una importante presencia. Propagaron, entre otras historias, la patraña de que mis conferencias en el mundo estaban afectando la divulgación de Sixto (!). «Los organizadores de conferencias no pueden estar convocándolos a ambos en el mismo año», decían. Me resultó absurdo. La mayor parte de mis invitaciones no procedían de los grupos Rama. Era evidente: mi trabajo irritaba a los sumos pontífices del grupo de contacto. En fin, fueron muchas situaciones que no tiene sentido detallar aquí.

«Te quedarás solo», me dijeron en Lima cuando manifesté mi decisión de alejarme de todo este circo. Pero, decidido, empaqué mi simbólica mochila, repleta de bellas y auténticas experiencias, consciente de que el mensaje del contacto es independiente de nuestra naturaleza humana y del ego inflamado. Sabía que era otro el camino que ahora debía tomar.

El peso de la responsabilidad

Me había convertido en un *outsider*. Para determinados acusadores, yo era la «anomalía». Un cisne negro. Pero seguí andando por libre en el nuevo paisaje que se me presentaba, sin perder más tiempo. Lo paradójico es que, cuando mi trabajo tuvo resonancia internacional, los mismos personajes que inicialmente me atacaban ahora se inflaban el pecho y vociferaban a los cuatro vientos: «Ricardo González Corpancho inició su experiencia de contacto con nosotros». Otra mentira. Pero sé separar el agua del aceite. No me atrevo a poner a todos en el mismo saco. Y pese a estos vaivenes tampoco me arrepiento de mi paso en el contactismo Rama porque tengo muy claro, como ya he dicho, que el fenómeno de base es real y sus objetivos, positivos.

Es el humano el que enturbia todo...

«Representas un caso raro —me dijo Paola Harris, investigadora italoestadounidense del fenómeno ovni y exasistente de Hynek—. Eres un contactado que investiga, pero, a veces, pareces más un investigador que tuvo contacto.» Sea como sea, lo cierto es que me entregué a mi cruzada. No quería convencer a nadie de lo que había vivido, aunque sí intentaba compartir la idea de que no estamos solos y de que estos seres se mostraban preocupados por las acciones humanas. Entonces puse en cuarentena mis observaciones y me concentré en divulgar lo que consideraba transformador en el mensaje del contacto. También la investigación de los misterios subterráneos, que como bien conocen mis lectores me llevó a explorar distintos puntos en el mundo vinculados al secreto de los intraterrestres.

Mis viajes se transformaron en giras interminables. Recorría alrededor de diecisiete países cada año para atender invitaciones a conferencias o presentaciones de mis libros. Y no era una época sencilla para difundir como lo es hoy con el poder de las redes sociales. Los medios masivos eran los diarios, la radio y la televisión. Si no llegabas a ellos, no había forma de alcanzar al gran público. Los supuestos testigos de contacto y los jóvenes ufólogos de estos tiempos solo tienen que abrir un canal de YouTube para exponerse —para bien o para mal—, un medio que hasta el 23 de abril del 2005, cuando se subió el primer vídeo, no existía en la práctica. La información disponible hoy es una avalancha que pocos se imaginaban solo veinte años atrás. La desinformación y los oportunistas se tomaron de la mano y se colaron en esta autopista de grandes velocidades. Siempre hubo desinformación, pero las herramientas de la actualidad la potencian. Y es que nos hemos transformado en una especie de *cyborgs*, pegados al teléfono inteligente, pendientes de la aprobación de los demás que oteamos en nuestras redes sociales, atrofiando nuestra memoria e intelecto para depender de Google y Wikipedia, una especie de «memoria extendida».

Recuerdo que en las entrevistas en televisión llevaba pesadas cintas de VHS para mostrar los avistamientos ovni que se habían recopilado en el mundo. Y muchas veces ilustraciones y todo tipo de imágenes impresas para que las enfocara la cámara. Las conferencias eran con proyectores de filminas y en mejores ocasiones con los de diapositivas. Aún conservo mi proyector Kodak Carousel. Cada *slide* era un presupuesto porque implicaba rollos especiales de fotografía. En las presentaciones dependías de un operador. Imagine el joven lector tener que decir «la siguiente, por favor». Las primeras invitaciones para dictar conferencias me llegaban a través de cartas. El ida y vuelta tomaba muchos días. En ese entonces —una era en donde internet aún no se había convertido en el monstruo de nuestros días—, para informarse sobre temas ufológicos la mejor opción significaba suscribirse a un boletín especializado o acudir a congresos y conferencias (no visualizar un vídeo de dos minutos en TikTok o Instagram). Y esto no es nada. Hay que ponerse en los zapatos y en la época de los Antonio Ribera, los Fabio Zerpa o los José Carlos Paz, algunos de los más importantes pioneros en Hispanoamérica sobre el estudio y la difusión del fenómeno ovni.

Como si estuviese en los años sesenta, los medios que me entrevistaban tocaban el tema de los no identificados con sorna y amarillismo —incluso no pocos lo siguen haciendo en la actualidad—, pero con indisimulado interés porque les daba *rating*. Muchos de los conductores se rasgaban las vestiduras al discutir sobre el fenómeno ovni (que atesora miles de testigos, fotografías, filmaciones, ecos de radar y numerosas otras evidencias) para luego, en sus mismos programas, tratar con credulidad el horóscopo, los favores de santos o la protección de amuletos que se colgaban al cuello, como el nazar u ojo turco. La hipocresía e ignorancia que tuve que enfrentar...

González Corpancho en un congreso celebrado en Santiago de Chile, organizado por el Centro Madre Tierra, 2015.

El autor durante una entrevista para el Canal Historia.

Tuve incontables debates en la televisión de muchos países. Me hicieron discutir con pilotos de guerra, psiquiatras, psicólogos, científicos y periodistas escépticos. Hasta tuve un intercambio de opiniones con un exorcista. Muchas de estas discusiones se basaban en el escepticismo científico —no confundir con el escepticismo filosófico, que es una posición de duda permanente—, en donde, con el manual de usuario bien apretado en la mano, se atacaba rabiosamente el fenómeno ovni y los testimonios de encuentros cercanos del tercer tipo. Fueron interminables discusiones sobre alucinaciones colectivas, pareidolias, distorsiones cognitivas, la fiabilidad de la percepción y la memoria, sesgos de confirmación, falacias lógicas, creencias, estafas, en fin, los investigadores y testigos de este fenómeno éramos todos unos chiflados o, en el mejor de los casos, unos ingenuos de pacotilla.

«¿Usted ya estaba interesado en estos asuntos antes de enfrentar su primer avistamiento ovni?», preguntaban. «No, era muy chico cuando sucedió», contestaba.

«¿Usted estaba atravesando alguna situación de tipo emocional o afectiva cuando empezó este fenómeno?» «No», era nuevamente mi respuesta.

«¿Tiene antecedentes psiquiátricos? ¿Ha consumido drogas? ¿Se le ha abierto algún expediente penal?» «No, no y no», respondía con una sonrisa.

Pero las discusiones más interesantes las tuve en el ámbito de las creencias religiosas. Tengo una buena anécdota para contar al respecto.

Fue en el 2006, antes de embarcarme en mi camino solitario. Acudí a una entrevista para el *El Show de Cristina* en Estados Unidos, programa de televisión líder en el país norteamericano que, además, se había convertido en todo un fenómeno en Latinoamérica, con cientos de millones de espectadores.

En ese *talk show* se discutió sobre el fenómeno ovni y uno de los invitados, el exorcista español José Antonio Fortea, se mostró preocupado por mis experiencias de contacto. Al terminar la grabación del programa, el reconocido demonólogo me encuentra en el aparcamiento del Blue Dolphin Studios y me dice a bocajarro si podía rezar una oración por mí. Accedí. Tomé cordialmente su propuesta. Entonces, Fortea empieza a orar y en sus palabras pedía a las fuerzas espirituales malignas que me estaban «engañando» que se marchasen. «¿Sentiste algo?», me preguntó al concluir. «Nada, padre, estoy en paz», le contesté tranquilo. En ese momento, el sacerdote español frunció el ceño e inició otra vez el ritual, obteniendo el mismo resultado. Por un impulso le dije algo así: «Le agradezco sus oraciones, padre. Pero no estoy endemoniado. Lo que he vivido ha sido una experiencia positiva. Sé que lo volveré a ver pronto».

Le llamaron la atención mis palabras, pero nos despedimos en excelentes términos.

Meses más tarde, me hallaba en Asunción de Paraguay produciendo *Enigmas,* una serie documental para el Canal 13. Yo era además el conductor. Uno de los episodios iba a tratar sobre las teorías del filme *El Código Da Vinci*, que se había estrenado ese año. Una película basada en la novela del mismo nombre del escritor estadounidense Dan Brown, que había publicado en el 2003 y que se transformó en un superventas mundial, con cerca de ochenta millones de ejemplares vendidos. Pero las raíces de ese trabajo son más antiguas. Basta revisar las investigaciones de Henry Lincoln, Michael Baigent y Richard Leigh, detalladas en el libro *El enigma sagrado* (1982), para darse cuenta, en mi opinión, del disimulado plagio.

Para ese episodio quería contar con la opinión de un sacerdote. Mi equipo de producción salió en su busca y grande fue nuestra sorpresa cuando nos enteramos de que Fortea se hallaba en esos días en Paraguay para presentar un libro... Nuestro reencuentro en Asunción, a pocos meses de haber estado juntos en la televisión estadounidense, fue maravilloso. «¿Qué haces aquí?», me dijo, desconcertado. «Lo mismo le pregunto», respondí. Y Fortea aceptó amablemente la entrevista.

Enigmas fue una serie de trece episodios que comprendió distintas temáticas, desde el fenómeno ovni a misterios de la historia. En el 2007 ganó el prestigioso Premio Paraná al mejor programa documental de investigación. Una gratificante experiencia.

Con mi recordado camarógrafo Pucho, un verdadero todoterreno. *Enigmas*, 2006.

No obstante, como irá descubriendo el atento lector, no todo en este camino es de color de rosa. Me costó acostumbrarme a los incesantes viajes y a la exposición. Tuve que navegar entre los ataques y los desmedidos encomios que tanto calientan la cabeza a los testigos de contacto que se confunden y terminan creyendo de que son seres especiales.

Y vivir de eso fue un calvario. Es un mito que un ufólogo amasa fortunas escribiendo o dando conferencias sobre los ovnis.

Y peor aún en quienes terminamos invirtiendo más de lo que recuperamos. Pero el tiempo es corto y para mí viajar, investigar, pensar y aprender es una dinámica innegociable. Es verdad que en estos últimos años he logrado cierta estabilidad material. Más de veinte libros publicados, conferencias y seminarios en tantos países, hoy me lo permiten, mas sin que esto signifique, como suelen decir los argentinos, «tirar manteca al techo». En los círculos de ufología —y creo yo, en todos los ámbitos de la experiencia humana—, existe la envidia ante el reconocimiento ajeno. Se fijan en los últimos vagones del tren sin tener en cuenta el sacrificado recorrido que uno lleva. Te cuentan todas las costillas, una por una.

El autor con el equipo de producción de su serie *La nave del tiempo*. Cortesía de Gaia (Boulder, Colorado, 2021).

Bien lo dijo Fabio Zerpa en el III Congreso de Investigadores Ovni celebrado en La Pampa, Argentina, el 26 de marzo del 2011: «No envidien. Si ven que una persona es honesta y sincera, déjenla actuar».

Los «vampiros» —aquellos que se atribuyen milagros con avemarías ajenos— no entenderán el consejo de Zerpa. Muchos piensan que la vida que me tocó les vendría bien. Vuelos, países por conocer, firmas de libros, investigaciones, entrevistas en medios, conferencias con un animado público, pero quedarse solo con esa parte es ver la foto y no la película completa. Siempre estarás en el ojo del huracán y casi nunca en tu propia casa por los constantes viajes. Ya he dicho que este peregrinar, para mí, es una cruzada. Y como toda campaña hay peligros acechando, como el mensaje de la espada de Damocles.

Este relato parece estar más cerca de la leyenda que de la historia, posiblemente inventado por Timeo de Tauromenio (*c.* 350 a. C. -260 a. C.), cronista de la Magna Grecia. Su lección moral cautivó mi interés. Damocles era un cortesano adulador de Dionisio I de Siracusa. Y sin filtro alguno extendió la idea de lo afortunado que era ser un tipo como Dionisio, con tal poder y riqueza. Entonces, Dionisio quiso escarmentar a su lisonjero seguidor y le propuso intercambiar los roles por un día. Así pues, Damocles fue atendido como un rey. Pero, después de un gran banquete, descubrió que sobre su cabeza había colgada una afilada espada apenas atada por un pelo de crin de caballo. Estaba exactamente sobre su cabeza. Al darse cuenta del peligro comprendió que esa vida no era tan afortunada como creía...

Capítulo 10

DEL CAOS A LA CONSCIENCIA

Todo rol que uno asume en la vida, si implica mayor alcance y nuevas responsabilidades, convocará también mayores peligros. Dionisio «El Viejo» se movió en el filo de la espada como tirano de Siracusa. La espada de Damocles representa muy bien el peligro latente. Nadie puede dormirse en los laureles.

Qué puedo decir. He visto de todo. Famosos canalizadores que pedían importantes sumas de dinero para incorporar a la entidad cósmica que, supuestamente, les contactaba y, si no alcanzaban el aforo mínimo necesario, cancelaban la presentación de la «entidad». Investigadores de «renombre» que en los congresos de ufología se llenaban la boca hablando maravillas de su ausente esposa, y luego los veías bien entonados en el bar del hotel coqueteando con una fan a la vista de todos. Ufólogos escépticos de referencia para la «corriente racional» que descubrí fueron —y algunos lo siguen siendo— colaboradores de servicios de inteligencia para negar el contacto extraterrestre. Escritores de estos temas que no escriben sus libros (los encargan). También «contactados» que, para hacer caja, cobran por sesiones privadas de terapia y videncia.

Y podría seguir.

Me he equivocado en el pasado en la forma en que permití la difusión de mi trabajo y de mis actividades. Admito que he pecado de ingenuo en mi juventud. Pero de ahí a este coliseo de aprovechadores hay un extenso desierto que nunca caminé ni caminaré. Me han ofrecido de todo. Hasta donarme propiedades en Estados Unidos. Sin embargo, nunca acepté nada, nunca di mi brazo a torcer. Tengo la conciencia limpia y tranquila. De esta manera fui andando, observando, desengañándome, aprendiendo, pero también maravillándome.

Los momentos mágicos de la vida me llevaron a radicarme en Argentina, país que mi padre me enseñó a amar además del Perú. Él vivió unos años allí en su época de estudiante de Medicina en la Universidad de La Plata, carrera que abandonó para volver a Lima y formarse como administrador de empresas. Trajo consigo hermosos recuerdos de su estancia. En Argentina hice muchos amigos y me enamoré más de una vez. Hasta que llegó Sol e iluminó mi vida.

La había conocido en una de mis conferencias y durante largos años no nos habíamos vuelto a ver, hasta que el «Imán Cósmico» puso en marcha sus invisibles mecanismos y urdió nuestro reencuentro en Madrid. España es otro país que llevo en el corazón.

Mi esposa, «porteña» de Buenos Aires y descendiente de italianos, se hallaba viviendo en España participando de varios proyectos vinculados al arte. Ella es cantante y bailarina de teatro musical con una dilatada trayectoria. Pero eligió coger las maletas y unirse a la cruzada. Es mi confidente, mi fuerza, mi mejor amiga y compañera de expediciones. Vivir este proceso juntos es un regalo. Y el arte no quedó del todo aparcado, pues se transformó en el proyecto Mintaka. Música inspirada en el contacto con «ellos».

Sol también los pudo conocer...

Fue durante un contacto programado en Monte Shasta, en el 2014. Antarel surgió del bosque de pinos de Sand Flat y se colocó frente a nuestro grupo, unas nueve personas de varios países entre quienes se encontraba la citada ufóloga Paola Harris. La discípula de Hynek quedó muy impactada ante el encontronazo con el gigante nórdico. Un detalle no menor es que el experimentado investigador canadiense Grant Cameron entrevistó por separado a cada uno de los testigos de este contacto y llegó a la conclusión de que nadie estaba mintiendo. A día de hoy considera que es uno de los casos más sólidos que ha investigado. En mis anteriores libros describo esta experiencia que, literalmente, le cambió la vida a Paola.

«¿Y qué piensa tu amigo Jacques Vallée de tu contacto con Antarel?», le pregunté a Paola Harris recientemente. «Él sabe que no miento —me respondió. Y añadió—: Aunque se resiste a pensar que estas experiencias tienen una firma de otros mundos.»

Tuve la oportunidad de hablar con Vallée al respecto. El científico y ufólogo francés no descarta la hipótesis extraterrestre, pero cree que se deben ensayar otras hipótesis para explicar el amplio universo de casos de encuentros cercanos. Sea lo que sea, piensa Vallée, una consciencia no humana quiere alertarnos de algo. Así lo interpretó después de estudiar el accidente de un ovni en Nuevo México, que, curiosamente, ocurrió poco después de la ya referida prueba nuclear Trinity de 1945. Recomiendo el libro que publicó en coautoría con Harris, *Trinity: the best-kept secret* (2021).

Ya me pronuncié sobre las hipótesis parafísicas que pretenden esclarecer el fenómeno contacto. Ahora le dedicaré unas líneas a la posibilidad de que algunos de esos encuentros hayan sido experiencias reales con «mensajeros» extraterrestres, pero siempre separando la paja del trigo.

De extraterrestres a maestros ascendidos

Conocí a Eugenio Siragusa en Italia, pocos años antes de que falleciera en el 2006, a la edad de ochenta y siete años. Su caso siempre me llamó la atención por la severidad de los mensajes que había recibido de los presuntos extraterrestres. «Ellos» querían advertir a los líderes del mundo del peligro de la Guerra Fría y del uso de armamento nuclear, un mensaje similar a otros contactados de su tiempo. Pero Siragusa, un empleado de arbitrios de Catania que luchó en la Segunda Guerra Mundial, fue más lejos al enviar sendas cartas con estas exhortaciones a varios presidentes e incluso al Vaticano.

Su contacto inicia con un avistamiento ovni el día de su treinta y tres cumpleaños, el 25 de marzo de 1952. A partir de ese suceso, la «Clave 33» estará presente en su vida y será adoptada más tarde por grupos de contacto de España y Latinoamérica. La «Clave 33» se transformará, así, en un número activador de lenguaje sincrónico, aunque ya estaba presente en el esoterismo al asociarse con la mítica edad en que Jesús habría muerto y resucitado.

Pero el encuentro físico con los tripulantes de las *cosmonaves* —así las denominaba Eugenio— llegaría diez años más tarde, en 1962. El lugar señalado: el monte Sona-Manfré, en el mítico volcán Etna. Los seres extraterrestres de aspecto humano que se le presentaron fueron llamados por Siragusa: Ashtar Sheran e Itacar. Los nombres los acuñó el italiano, según él, para proteger la identidad real de esos seres, un hecho semejante a la acción del contactado estadounidense George Adamski con su «guía» Orthon, otro nombre inventado.

Esto merece un comentario.

Es habitual en el contactismo hallar nombres «parecidos» entre los presuntos extraterrestres que se han reportado en distintos casos en el mundo. ¿Eran las mismas entidades actuando a gran escala? Tal vez no. El caso del célebre Ashtar es un ejemplo. En los grupos de contacto en Perú se le conocía en los años setenta bajo el nombre de Antar Sherart, pero no se le relacionaba con el encuentro cercano de Siragusa. Supuestamente eran dos entidades diferentes. Charlie Paz Wells argumentó en su día que los propios extraterrestres le explicaron que las sílabas «SH» y «ER» aluden a «dominio» y «dignidad». La combinación de ambas, «SHER», indicaría la jerarquía o función específica. Las sílabas finales «ART» y «AN» determinarían la jurisdicción o competencia de su comando. Ese tipo de seres forman parte de un grupo a cargo de «operaciones específicas de alcance global». Siguiendo este hilo, Itacar me recuerda un poco al nombre Ishtacar.

Sea como sea, en mi caso concreto he informado de los «nombres» que estos seres me hicieron llegar. No fue invención mía. Pero sé que estos «códigos de identificación», o «firmas frecuenciales», como ya mencioné páginas atrás, son solo aproximaciones para entablar el contacto. Hay gente que se obsesiona con estos nombres de los extraterrestres y terminan poniéndoselos a sus hijos —conozco más de un caso—, como padres fanáticos que eligen nombres de jugadores de fútbol para sus pequeños. Pero de Maradona a Ashtar hay un océano. Incluso hubo algún caso de un aprovechado que en Córdoba, Argentina, se empezó a mostrar en público con el nombre de Antarel y, vestido de blanco como un gurú, convocaba reuniones para abrir puertas dimensionales... Fui muy firme sobre este estrafalario embuste cuando se me consultó. El charlatán, mientras escribo estas líneas, está preso en la cárcel de Cruz del Eje, imputado por abuso de menores.

Con casos así los detractores del contacto extraterrestre se hacen un festín.

Lidiar con estas informaciones no es tarea fácil. Es un camino permanente en el filo de la espada de Damocles. Siragusa, más allá de que su experiencia de contacto haya sido auténtica o no, se bamboleó entre mensajes espirituales y advertencias catastróficas que hundían el pie en el lodo de la exageración. En su grupo Fraternidad Cósmica también hubo desarreglos y dislocaciones como las que vi en Rama. Y cambios bruscos de timón ante las nuevas experiencias, como significó el caso de Giorgio Bongiovanni.

He compartido con Giorgio en distintos congresos de ufología. Cita a Siragusa como su «padre espiritual». Lo recuerda con mucho respeto, a pesar de que el propio Eugenio, en su último tramo de vida, se distanció de su trabajo. Y es que la línea de Bongiovanni es más mística que ufológica, y todo por culpa de un sorprendente fenómeno que afrontó el 2 de septiembre de 1989. Mientras se encontraba visitando el santuario de Fátima, Giorgio tuvo una poderosa visión de la Virgen. Entonces, la «dama de luz» le reveló que era la reencarnación de Francisco, uno de los niños videntes de Fátima. Y, por si esto fuera poco, la aparición hizo que surgieran en su cuerpo los estigmas de Cristo...

Los estigmas son las marcas de la crucifixión de Jesús que, en ocasiones, se han «materializado» en los santos, como la famosa historia de san Francisco de Asís. Las marcas que de pronto brotaron en el cuerpo del conmocionado Bongiovanni eran compatibles, heridas abiertas que, a veces, sangraban (constatado, según mis noticias, por diversos médicos), pero con la peculiaridad de no infectarse. Sea un minucioso fraude o un hecho paranormal extraordinario, Giorgio Bongiovanni llegó a jefes de Estado, científicos y autoridades religiosas, todos muy interesados en su experiencia. En 1990 fue recibido por la reina Sofía de España, que le presentó al entonces presidente de la Unión Soviética Mijaíl Gorvachov, reunión clave para que Giorgio obtuviera contundentes imágenes de ovnis en el espacio captadas por la estación espacial Mir. Hoy, convertido en periodista, ha concentrado su trabajo en enfrentar a la mafia y la corrupción en Italia.

¿Cómo se puede hilar el contacto de Siragusa con los estigmas de su discípulo Bongiovanni? ¿Era parte de un plan de «ellos»?

Aquí se entremezclan contactos con presuntos extraterrestres, apariciones marianas y estigmas que recuerdan la Pasión de Jesús, ni más ni menos. Mi navaja de Ockham mental me dice que lo más razonable es que todo sea un engaño alimentado por las creencias espirituales y ufológicas de los testigos. Sin embargo, existen diversos elementos para considerar que Siragusa y Bongiovanni vivieron un fenómeno real que fue mutando con el tiempo. No creo que se haya tratado de una «proyección arquetípica» de los contactados que dibujó una falsa experiencia con extraterrestres; más bien me pregunto si «algo» no humano se manifestó con estas variadas formas para afectar la consciencia de los testigos y, por ende, provocar un impacto en quienes les escuchen.

Una vez le pregunté a Giorgio: «¿Por qué aparecieron los estigmas de Jesús en las palmas de tus manos y no en las muñecas, como se cree que fue realmente crucificado?». «Porque como la mayoría de la gente piensa que fue en las manos, los estigmas se materializaron allí como un símbolo que recuerde a Jesús», me contestó.

Otra vez el «teatro ovni» en acción...

Haya sido «María», los extraterrestres o una inteligencia desconocida no humana, está claro que «algo» manipuló nuestras creencias para montar una puesta en escena y dejar patente un mensaje. Y ese mensaje, en síntesis, apunta a modificar nuestro comportamiento. Pero ¿en qué dirección? No es muy difícil comprender que la conducta del ser humano es tan peligrosa que podría desencadenar su propia autodestrucción. Un fatal desenlace que, además, tendría consecuencias en otras realidades que ignoramos. Los «extraterrestres» sostienen que no pueden intervenir directamente en nuestro proceso de aprendizaje, pero intentarían, sutilmente, inclinar la balanza hacia nuestro «despertar». Y si entonces todo fallara, sin mayor remedio, se verían obligados a rescatar a una muestra de la población humana para que la especie no fuese borrada del universo.

Aquí vuelve a entrar el inefable Ashtar, que con el tiempo fue interpretado como el comandante de esa alucinante operación de evacuación.

El «teléfono escacharrado» fue tal, que la estadounidense Thelma Blanche McNeely Terrell, más conocida como Tuella, difundió con pasión la realidad de ese rescate extraterrestre, asegurando que debíamos prepararnos espiritualmente para ser tenidos en cuenta en el cósmico abordaje. Su libro *Proyecto Evacuación Mundial* (1982) no se anduvo con rodeos. La influencia del Ashtar de Siragusa y las ideas de algunos libros de ciencia ficción fueron la base de su escrito, todo un suceso en el contactismo de los años ochenta.

Portada del libro de Tuella.

Pasaré a compartir otra anécdota. En el 2010 fui invitado por la actriz venezolana Carmencita Padrón a una megaconferencia en el Complejo Militar Fuerte Tiuna de Caracas. Su entonces amistad con el polémico presidente Hugo Chávez lo hizo posible. La multitudinaria presentación fue a cielo abierto y hubo un avistamiento ovni que pudo ser observado por las miles de personas que acudieron a la actividad. Al concluir, un enorme grupo de seguidores de la metafísica de Conny Méndez fue a buscarme detrás del escenario. Me preguntaron qué pensaba de Ashtar. Entonces les hablé sobre la experiencia de Siragusa en Italia y la de George van Tassel y Charles Langhead en Estados Unidos en la década de los años cincuenta. Se sorprendieron, no conocían esos casos. Para ellos, Ashtar era un maestro ascendido cósmico vinculado a la figura del arcángel Miguel...

Amablemente me regalaron una estampita con una ilustración del ser, muy distinta, claro está, a la recreación que difundió en su día Siragusa. Durante un viaje de conferencias en México, volví a tropezarme con la misma imagen, solo que con otro nombre al pie: «Alaniso». La responsable de esta nueva «interpretación» es la contactada Sarita Otero. Perdí la cuenta de los numerosos Ashtar.

En Perú, cuando se da una insólita combinación de elementos, utilizamos la locución nominal «arroz con mango» para describirlo. Fue lo primero que pensé al examinar este caso.

Explicaciones cósmicas aparte, el nombre Ashtar recuerda el *Ishtar* babilonio, el *Astar* abisinio, el *Astarté* fenicio o el *Astaroth* hebreo, nombres antiguos asociados con misterios estelares, dioses del amor y de la guerra e incluso del infierno. Esta última acepción nos lleva a otra de las interpretaciones de Ashtar: en realidad era un ángel caído que se hacía pasar por un comandante extraterrestre que salvaría a la humanidad.

Este tipo de distorsiones, según mi experiencia en grupos de contacto, proviene más de la descaminada interpretación humana que del fenómeno o la fuente original. Penosamente, las confusiones ennegrecen los auténticos casos de encuentros cercanos con posibles misiones extraterrestres actuando en nuestra realidad. No excluyo, pues, esa probabilidad, más aún tras haberlo vivido en carne propia.

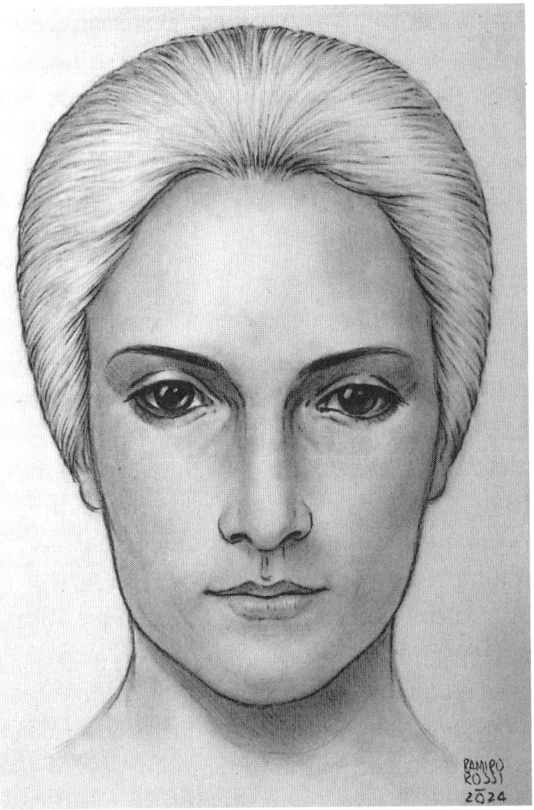

Retrato de Ashtar Sheran, basado en la experiencia de los primeros contactos. Ilustración de Ramiro Rossi.

Casos controvertidos como los de Eugenio Siragusa, George Adamski, Daniel W. Fry, Eduard «Billy» Meier o Castillo Rincón, podrían haber sido, en su origen, encuentros auténticos con misiones extraterrestres cuyos componentes tenían —o mostraban— aspecto humano y buenas intenciones. Ahora bien, todo lo que se construyó encima del fenómeno de base (falsas evidencias incluidas) es una historia diferente. Así como resulta incuestionable la amplia variedad de casos de contacto que esgrimen una profusión de elementos extraños y contradictorios —que fogonean la hipótesis parafísica y psicosocial—, también debo decir que existen ciertas características que se repiten en diversos episodios de encuentros cercanos con seres extraterrestres de rasgos humanos. Entre ellas puedo citar las siguientes:

1. No actúan solos. Sostienen formar parte de una organización extraterrestre que monitorea mundos-laboratorio como el nuestro.
2. Se muestran preocupados por las acciones humanas y el impacto en el planeta.
3. Sus mensajes albergan un núcleo espiritual que promueve el despertar de la consciencia.
4. Son respetuosos con el testigo de contacto; si detectan que no está listo para un encuentro, se alejan.
5. Suelen ofrecer confirmaciones del contacto, ya sea a través de la participación de otros testigos en los avistamientos, registro de imágenes o verificación de las informaciones reveladas en la sucesión de los acontecimientos.
6. Si bien algunos de sus mensajes advierten sobre complejos eventos futuros para la humanidad, hacen hincapié en la posibilidad de modificarlos.
7. Todos coinciden en que estuvieron en tiempos remotos en la Tierra vigilando el proceso humano y, en ocasiones puntuales, estimulando el desarrollo de algunas civilizaciones.
8. Todos coinciden en que han seguido un minucioso plan para no dejar evidencias científicas definitivas de su presencia «hasta que la gran misión haya terminado». Hasta que eso suceda, tienen un programa de «autodefensa». Este detalle me recuerda al «principio de elusividad cósmica» que postuló el gran investigador español Ignacio Darnaude.
9. Todos coinciden en que al final de este largo proceso los humanos formaremos parte de una suerte de «comunidad interplanetaria». Edgar Mitchell estaba convencido de ello.

Si, efectivamente, «ellos» estuvieron entre nosotros en el pasado, resulta lógico que nuestros ancestros los hayan interpretado como dioses o ángeles. Pero no pocos ufólogos se ven tentados a pensar que las viejas creencias humanas fueron evolucionando desde los míticos dioses a los modernos extraterrestres a bordo de platillos volantes. Me pregunto, ¿y si en algunos casos fue al revés? ¿Y si la presencia de esos seres en el remoto pasado fue la que disparó una cadena de creencias y hasta la fundación de religiones? Sin ir muy lejos, esta situación ocurre en nuestros días cuando en pocos años se transforma a los extraterrestres en «maestros ascendidos».

Evacuación extraterrestre y ascensión planetaria

Un tema a considerar con detenimiento es la ya mencionada «evacuación». Cuando estudié los mensajes que se atribuyen a Ashtar, recordé mis sueños de cuando era niño. Sin embargo, hoy estoy convencido de que ante una situación grave a escala mundial que impida a la humanidad tener esperanzas de sobrevivencia, el «rescate» lo haría el propio hombre a través de su tecnología espacial para alcanzar otros mundos y establecer una Tierra II.

Pienso que las visiones de los contactados que describían naves abandonando nuestro planeta no debieron de ser interpretadas como una «evacuación extraterrestre», sino más bien como un autorrescate de la humanidad para asegurar la supervivencia de la especie. A la vista de las últimas investigaciones científicas y emprendimientos espaciales no es un delirio considerarlo. «Ellos» parecen estar al tanto de todo, pero al mismo tiempo se encuentran atados de pies y manos por sus exigentes protocolos y acuerdos. Entretanto, procuran advertir e impulsar un cambio de consciencia a través de múltiples mecanismos, entre ellos los contactos con una muestra de la población humana. Y para tal fin han ensayado distintas metodologías.

Con algunos contactados priorizaron, dentro del marco de lo posible, la entrega de evidencias fílmicas y fotográficas. El poder de la imagen seduce a un sector de la prensa y al público en general. Incluso hay casos de testigos que han filmado todo tipo de anomalías en los cielos, aunque nunca conocieron a la inteligencia no humana que estaría detrás de los avistamientos. Otros contactados cumplieron un rol más allá de las fotografías de ovnis: afectar a las personas con el poder de las experiencias grupales. Aquello de «ven y vívelo». Lejos de cualquier histeria de masas o alucinaciones colectivas, enfrentar el fenómeno con múltiples testigos ha sido una de las principales misiones de los grupos de contacto. Pero lo más importante será la información. Todo conocimiento que surja de una auténtica experiencia de contacto es más revelador que una contundente fotografía de un ovni.

«Ellos», pues, han colocado diferentes huevos en distintas canastas.

Otro asunto es cómo decodificamos lo que estamos viviendo.

En los grupos Rama se interpretó con mucha alerta el paso del cometa Halley en 1986. Nada ocurrió. El propio Siragusa señaló que un asteroide golpearía la Tierra en 1991, y tampoco sucedió. Bongiovanni también se equivocó muchas veces al anunciar el «fin del mundo» y el retorno de Cristo. 2012 es otro digno ejemplo que ya he tratado en mis anteriores libros. Numerosos grupos de contacto y místicos de la Nueva Era interpretaron el final de la Cuenta Larga (calendario vigesimal mesoamericano de aproximadamente 5.125 años, especialmente conocido por los registros de la cultura maya) como el tránsito de la humanidad hacia una cuarta dimensión o «Real Tiempo del Universo». Era una creencia llena de esperanza, lejos de la información catastrofista que circulaba por doquier. Al principio, yo también pensaba que algo positivo y extraordinario iba a ocurrir el 22 de diciembre del 2012, la presunta fecha de cierre del calendario sagrado. Lo expresé así en innumerables conferencias y entrevistas. Sin embargo, después de investigar el auténtico legado de los mayas, viajando varias veces a México y Centroamérica, descubrí que estaba ante un malentendido. Incluso el propio Antarel señaló que habíamos malinterpretado las comunicaciones. Y así fue. Finalmente comprendí que el cambio que venía para la humanidad era gradual y contenía un poderoso mensaje simbólico.

Años antes del 2012 di a conocer mi cambio de postura y, nuevamente, fui señalado como un elemento disruptivo que «atacaba lo que los extraterrestres habían dicho». Vamos a ver. Estoy escribiendo este libro a finales del 2023, once años después del 2012. ¿A alguien le parece que ya estamos en la «cuarta dimensión»? ¿Que ya se produjo la «ascensión planetaria»? Muchos grupos de contacto piensan que ese gran salto dimensional sucedió y lo defienden a capa y espada. «Quienes no lo ven es porque no están preparados», me dijeron.

Consciencia

Se me podría acusar de un «nuevo 2012» cuando en mis libros me he referido a la coordenada del 2027. Pero mis lectores saben muy bien que esa fecha marcada por los extraterrestres es, para mí, una «antiprofecía».

No soy el único que ha estudiado ese año y su relación con el descubrimiento de un asteroide que podría impactar con nuestro planeta. Pero de ahí a decir que el evento ocurrirá inexorablemente sin nada por hacer, hay un trecho largo, muy largo. No es esa mi visión. Creo que esta coordenada ha sido señalada por «ellos» para estar atentos a los detalles. Sé que algo poderoso significará. Quienes lean este libro después del 2027 lo juzgarán mejor...

Las profecías constituyen un tema delicado que suele hallarse en los mensajes de los contactados. Su actuación como modernos mensajeros e intérpretes de la «divinidad», muchas veces, se resbala en el milenarismo.

Habitualmente se define la profecía como un don sobrenatural que permite al ser humano anticipar acontecimientos futuros. Esa habilidad nace en la capacidad psíquica del individuo o es espoleada por una fuente externa; según la creencia, «la fuerza de Dios», «el Espíritu Santo», «la confidencia de los ángeles» o, si se quiere, mensajes de extraterrestres. Pero acostumbro a señalar que otro asunto son las predicciones, pues ahí entra en juego un proceso racional y lógico para interpretar, sobre la base de la información disponible, el devenir de los acontecimientos. Puedo «predecir» que Usain Bolt, en una carrera mano a mano de cien metros lisos contra un deportista *amateur*, será el vencedor. A menos que el bueno de Usain se deje ganar o se lesione en medio de la carrera, generando así un hecho inesperado.

A donde quiero llegar es a que ambos escenarios, profecía y predicciones, mensajes de estos seres y nuestras interpretaciones, se entremezclan, y cualquier cosa puede suceder. Discernir es una tarea muy laboriosa, pero necesaria. «Ellos» tienen una capacidad de penetrar en las membranas del tiempo que, realmente, asusta e impresiona. Me pregunto si lo conocen todo o si solo pueden ver «probabilidades» en el futuro. La advertencia de Ishtacar, que se convirtió siete meses después del contacto en el peor atentando que haya sufrido Estados Unidos, desencadenó en mí, como ya dije, una avalancha de preguntas. Y no fue la única ocasión en que sucedió algo semejante...

Hubo una segunda (y última) experiencia en la que fui nuevamente «llevado» dentro de una nave. Ocurrió el 26 de agosto del 2012, en un claro del bosque de Monte Shasta. El anfitrión, una vez más, fue Antarel. En esa breve experiencia, el extraterrestre nórdico me sugirió viajar a Rusia en el 2014, es decir, dos años después, con el objetivo de explorar la región del sagrado Monte Belukha, en Siberia. Allí descubriríamos algo importante, y me anticipó que Rusia entraría en un proceso bélico que con el tiempo podría afectar al mundo. Preparé la expedición y en agosto del 2014 viajé con un equipo internacional a Moscú y de allí a Siberia, en medio de una fuerte tensión militar a raíz de la anexión unilateral de Crimea por parte de Rusia en marzo de ese mismo año.

La repercusión de este grave incidente geopolítico se mantiene hasta este momento, con una cruenta guerra entre Rusia y Ucrania.

Nuevamente «ellos» lo sabían...

Y fue en ese viaje a Siberia donde definí grandes proyectos vinculados con la cultura de la paz y la obra del pintor y humanista ruso Nicholas Roerich.

Nada es por «casualidad».

Estoy seguro de que para estos seres los «detalles» son clave para construir una línea de tiempo diferente. Observar con atención todos los acontecimientos del mundo e intentar comprender su significado para accionar en consciencia. Y es que no se puede modificar lo que no se entiende. Y no se puede perdonar verdaderamente cuando no se sabe, como bien dijo el Enviado hace dos mil años.

«Ellos» sostienen con mucho énfasis que no estamos separados. Que todas nuestras acciones tienen un gran efecto fractal. La consciencia individual en el planeta sería una momentánea ilusión. Esta es otra de las increíbles revelaciones: todos formaríamos parte de una consciencia global, de una matriz inteligente, de algo poderoso que no podemos abarcar ni entender, pero que es real y nos penetra en lo más profundo. Somos componentes de «aquello» y al mismo tiempo esa fuente se proyecta en nosotros en un complejo intercambio de información que crea la experiencia. ¿Así funciona el contacto «extraterrestre»? Si esta presunción es correcta, lo que llamamos «profecía» no es un acto «divino» o un milagro, sino variables en las líneas del tiempo que se van construyendo de acuerdo con este mecanismo espiritual de la existencia. «Ver» o «sentir» —no encuentro las palabras adecuadas— un minúsculo fragmento de este complejo tejido fundamental del cosmos o *lattice*, como bien la describía el neurofisiólogo mexicano Jacobo Grinberg-Zylberbaum (desaparecido en 1994 en circunstancias desconocidas), amplía nuestra perspectiva del mundo y nos conduce hacia una honesta evaluación de nuestra experiencia humana.

Y cuando llegas a ese punto, la discusión sobre la naturaleza de los mensajeros —sean extraterrestres, entidades de otras dimensiones, proyecciones psíquicas o lo que se quiera—, pasa a un segundo plano...

Se empieza a discutir el mensaje. Y es en el mensaje donde encontramos los grandes acuerdos. Las coincidencias. La solidez de todo.

Del aparente caos surge la consciencia.

Los recovecos y las bifurcaciones del fenómeno contacto te conducirán, inevitablemente, hacia allí...

La consciencia es el conocimiento de uno mismo y el entorno. «El ser y el universo.» Y esa consciencia no nace, según «ellos», en el cerebro. El cerebro es solo una herramienta finita de anclaje, una suerte de interfaz entre nuestro cuerpo y la consciencia no local. Esa es para mí una certeza, pero no para todos. El 23 de julio de 1998, durante la reunión anual de la Asociación para el Estudio Científico de la Consciencia (ASSC), el neurocientífico Christof Koch apostó contra el filósofo David Chalmers que en veinticinco años (léase el 2023), la ciencia ya habría resuelto cómo el cerebro genera la consciencia. Y se quedó tan ancho...

Aún hay muchas puertas por atravesar para comprender la consciencia, una información «llave» que nos ayudará a entender nuestra interacción con seres de otras realidades. El que la consciencia sea no local y que no se produzca en el cerebro es una auténtica revolución. Pero cada vez hay más científicos que se suman a esta idea, como el prestigioso cardiólogo Pim van Lommel, de Países Bajos. No puedo estar más de acuerdo con él. ¿Cómo se explican los casos de «consciencia» durante episodios de muerte clínica en donde el paciente observa con precisión todo lo que sucede en el quirófano mientras su cuerpo está «apagado»? Incluso hay casos que van más allá de la sala de operaciones, cuando es abandonada por el paciente en un «viaje» o «proyección» hacia otras áreas del hospital e incluso fuera del edificio, para luego describirlo todo correctamente y con todo lujo de detalles. Ahora mismo recuerdo el caso de Pam Reynolds, una mujer de Atlanta que fue operada de un aneurisma gigante en la base del encéfalo por el mundialmente conocido doctor Robert Spetzler, jefe de neurocirugía del Instituto Neurológico Barrow de Phoenix, Arizona. En el curso de la arriesgada operación, Pam estuvo «muerta» hasta donde era posible. Durante la parada cardíaca hipotérmica para llevar a cabo la intervención, el electroencefalógrafo marcaba una lectura plana... No había ninguna actividad cerebral. Pero Pam no perdió la consciencia. La operación fue un éxito y al volver describió todo lo que había sucedido en la sala de operaciones con escalofriante precisión. ¿Quién o qué es lo que ve? Está claro que no fueron los ojos ni el cerebro. El doctor Spetzler confirmó el caso. Este y otros incómodos expedientes están bien descritos en el libro de investigación *Sobrevivir a la muerte* (2018), de la periodista estadounidense Leslie Kean. Algo que siempre me llamó la atención es que el relato de las experiencias cercanas a la muerte (ECM) es muy semejante al impacto hipnotizante de un encuentro cercano extraterrestre, donde lo vivido con «ellos» parece ser la realidad y todo lo demás una ilusión... Fabio Zerpa fue el primero en asegurármelo: en el «otro lado» está el secreto de los ovnis.

El Cordillerano

Fuerza andina por la verdad, la moral, la cultura y el progreso regional

ESTA VEZ LA FOTO ES EN LA ZONA DEL CATEDRAL

Otro testimonio gráfico de objetos voladores en el cielo de Bariloche

Como consecuencia de la foto publicada en la jornada de ayer, y que tanta polémica levantara, un especialista en el tema OVNIs envió otra imagen, similar en cuanto al objeto que se ve, pero en este caso en la zona del cerro Catedral. A él se la hizo llegar un guía de montaña. PÁGINA 3

Un ovni de forma tubular es captado en Bariloche, Argentina, muy cerca del cerro Catedral. Ocurrió durante la oleada de abril del 2007, anticipada al autor por Antarel. Cortesía de la periodista Susana Alegría del diario *El Cordillerano*.

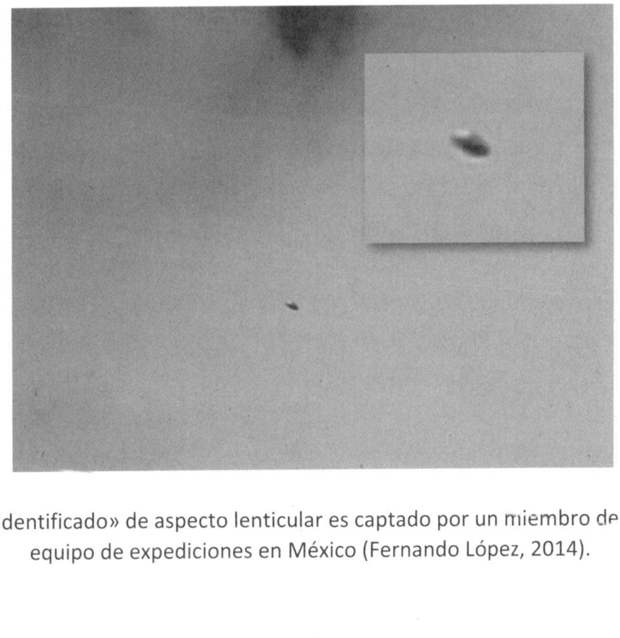

Un «no identificado» de aspecto lenticular es captado por un miembro de nuestro equipo de expediciones en México (Fernando López, 2014).

El paso de un fenómeno no identificado durante una salida de campo en Talampaya, La Rioja, Argentina, 2013. Fotografía de Cristian Belluco (no existía Starlink).

A pesar de que se trata de un fotograma en blanco y negro, procedente de un vídeo con tecnología de visión nocturna (cámara Sionyx Aurora), se puede apreciar con claridad un objeto luminoso posado en el desierto de Talampaya. Imagen del autor, 2021.

Capítulo 11

SINCRODESTINO: SEGUIR AL CONEJO BLANCO

Pienso que, a estas alturas del libro, el lector comprenderá mejor el complejo camino que he recorrido. De entregarme con pasión al fenómeno para luego cuestionarlo y, finalmente, aceptarlo. De hacer una profunda autocrítica y quedarme con aquellas pocas certezas que arrojan algo de luz en estas extraordinarias experiencias de contacto. Finalmente, decidí seguir al conejo blanco...

El 16 de septiembre del 2017, un grupo conformado por veintisiete personas de distintos países acudimos a la montaña de Marcahuasi. Fue una nueva invitación de Ivika. Según la mujer de Alfa Centauri, este viaje sería muy valioso para «comprender lo que venía». Y allí, en la rocosa altiplanicie andina, tuvimos un avistamiento y recibí la siguiente comunicación que anoté en mi cuaderno de campo:

> Sí, escribe, estamos transmitiendo. Nos hallamos muy cerca, en operaciones. Disponemos de una instalación al este de esta altiplanicie. Marcahuasi, ciertamente, es una «ventana» que nos permite interactuar con ustedes y, al mismo tiempo, nos permite movernos hacia otros lugares a través de distintas dimensiones.
>
> Hemos visto el interés que han depositado en las llamadas «zonas neutras». Así llamamos a aquellos vórtices en donde tenemos estas operaciones. En esos puntos se pueden desarrollar importantes experiencias y su consecuente entrega de conocimientos. Son primordialmente centros de enseñanza. Estas «zonas neutras» las clasifi-

> camos por su nivel de interacción con ustedes, su influencia en el entorno (proyección en tareas de superficie), y el significado y valor de lo que allí podría estar resguardado. Desde hace mucho, el programa de contacto ha estado relacionado con estos lugares debido a que, para el desarrollo de las labores, necesitamos un ámbito en el que nos podamos manejar sin transgredir los acuerdos de acercamiento con humanos; y, también, siguiendo los exigentes protocolos establecidos que nos rigen. Acudir a una de estas «ventanas» es como visitar un mundo distinto, donde el tiempo, el espacio y los esquemas o espejismos del plano tierra desaparecen para dar lugar a una comunión con lo cósmico y ver más allá de cualquier limitación. En las «zonas neutras» surgen los nuevos acuerdos, se trazan las agendas futuras y se encamina la revelación de conocimientos, ya que todo fluye bajo los acuerdos o las alianzas que, previamente, han sido aceptados por ustedes (antes de que experimenten la vida humana) y nosotros, los que los orientamos.

> Las «zonas neutras» tienen una calificación de protocolo que va del nivel uno al siete, siendo estas lecturas cambiantes según la dinámica de actividad y radiación del lugar. En esta transmisión no detallaremos el nivel de cada uno de estos sitios que han venido conociendo en el mundo, pero sí les podemos informar que Marcahuasi ha sido elevada a un «nivel cinco» por su importancia actual, que resuena en el acuerdo que ustedes hoy, simbólicamente, representan.

Me resultó esclarecedor. Ivika, en esta comunicación, denominaba «zonas neutras» a los lugares de contacto que habitualmente investigamos. El nombre que eligió para explicarlo no es un accidente: en esos parajes se ingresa a una realidad alternativa. Como bien señala el nombre, son «neutros» porque no presentan ninguna característica de los «opuestos». Resuenan en el punto cero de confluencia. En esos enclaves especiales del mundo, el testigo de contacto no se encuentra en la Tierra ni en el lugar de origen de los seres no humanos que allí operan, sino en un espacio neutro de intercambio. Lugares famosos de contacto

El campamento al pie de la «Fortaleza», el punto más elevado de la altiplanicie andina de Marcahuasi (4.000 metros).

como Monte Perdido, Monte Shasta, Tepoztlán, el cerro Uritorco, el altiplano del Titicaca, el desierto de Atacama o el caso que ahora nos atañe, Marcahuasi, comparten esa condición al lado de muchos otros escenarios semejantes en todo el planeta.

En la psicografía, Ivika agregó:

> Conocemos sus dudas, sus inquietudes y sus exigencias. Sabemos que es muy difícil para algunos de ustedes confiar en nosotros, ya que no todos nos han visto. Sin embargo, consideramos que han tenido suficientes confirmaciones de todo lo que les hemos venido transmitiendo y revelando, como nuestro rol con la humanidad y nuestras auténticas y pacíficas intenciones. No pierdan, pues, su valioso tiempo: ha llegado el día de realizar lo que fue marcado desde hace mucho. Hoy es el momento de reorganizarse, de reagruparse, de encaminarse, pero desde una perspectiva nueva y diferente que les hará concretar todo lo que ya han iniciado, todo lo que han aprendido a lo largo de estos años en base al esfuerzo, el compartir, el ser y estar. Sí, y aquí estamos nosotros a su lado. Recuerden que la información les unirá y entonces sabrán qué hacer, cómo, cuándo, dónde y con quiénes.

Volvimos de Marcahuasi muy reflexivos por la contundencia del mensaje. Nada nos hizo prever lo que estaba a punto de ocurrir.

Cláusulas en el acuerdo de vida

Martes 19 de septiembre. El grupo expedicionario se reunía en un conocido restaurante de Lima, situado muy cerca del célebre Puente de los Suspiros, en el barrio de Barranco. La música y el aroma del mar que llegaba desde la cercana costa amenizaban un almuerzo de despedida para los amigos que visitaron Perú para participar del viaje a Marcahuasi. Entonces sonó reiteradamente el teléfono de nuestra querida Déborah Mabama, psicóloga mexicana (que trabajó muchos años al lado del ya mencionado Jacobo Grinberg) y miembro de nuestro grupo de investigaciones. La noticia que le dieron fue demoledora: un violento terremoto había sacudido México y la escuela de sus hijos se había venido abajo...

Muy difícil describir esta situación.

Rápidamente, las noticias empezaron a copar los medios de comunicación. Se informó que, a las 13:14 hora local, un terremoto de magnitud 7,1, con epicentro en Morelos (estado en donde Déborah tenía a su familia), había devastado buena parte de la región centro del país. Fue un sismo de intraplaca tectónica. Curiosamente ocurría un 19 de septiembre, la misma fecha de otro violento terremoto que golpeó México en 1985.

Déborah estaba muy preocupada por sus hijos. No tenía forma de saber que nada malo les había sucedido. Y fue en ese momento, mientras intentábamos calmarla, que sentí una «voz», como un impulso, una «certeza», que me aseguraba que no solo sus hijos estaban bien, sino que, además, al estar presente en el viaje a Marcahuasi, su «línea de tiempo» había sido «modificada», y todo gracias a una importante decisión que ella tomó en un instante clave. Una decisión que solo Déborah conocía.

La «voz» —claramente, fueron «ellos»— daba a entender que, si Déborah hubiese estado en México durante el terremoto, habría partido.

Me quedé helado.

Y me resultaba una locura transmitirle todo aquello en medio del agobiante contexto, con el grupo a su lado, conteniéndola. Pero fue más fuerte la sensación que me impulsaba y, como pude, se lo dije... Déborah se quebró en llanto y allí nos confesó que en Marcahuasi había recibido un «mensaje» sobre ese cambio en su «línea de tiempo».

Increíble.

El extraño mensaje explicaba que al estar presente en Marcahuasi (una «zona neutra») y no en México en esos días, había logrado sobrevivir. Lo más inquietante era que quien le habría transmitido esta reveladora información era su «yo», comunicándose desde el futuro. Déborah, antes del viaje a Perú, había tenido sueños y todo tipo de señales que la llevaron a pensar que algo le podía ocurrir. Entonces se dispuso a ordenar sus cosas en México, incluso en el ámbito legal y bancario, pensando en sus hijos por si ella partía. Nosotros no sabíamos absolutamente nada de eso.

Déborah empezó a entender la situación en Marcahuasi. Pero con el terremoto en México todo su interior se desbordó. Finalmente, llamaron sus hijos y fue una gran alegría confirmar que no les había ocurrido nada. Subrayo que la residencia de la familia y la escuela se encontraban situadas en el mismo lugar del epicentro del terremoto. Luego vi las imágenes de cómo quedó el vecindario, con casas destruidas, árboles caídos, el tendido eléctrico en el suelo, autos aplastados, un desastre. Pero el hogar de Déborah intacto. La única casa que sobrevivió en la zona...

El terremoto se cobró la vida de 369 personas, de las cuales 74 fallecieron en Morelos.

Así encontró Déborah Mabama su vecindario después del terremoto que golpeó México. Las fotos fueron tomadas por ella.

Déborah, al volver a su barrio destruido y abrazar a sus hijos, tuvo una visión: de haber estado en México durante el sismo, en su desesperación por buscar a su familia habría tenido un accidente fatal en la carretera...

Aquella experiencia desencadenó una serie de preguntas en todos nosotros. ¿Existe el «destino»? Y, si es así, ¿acaso no todo estaba ya milimétricamente escrito en nuestro «acuerdo de vida»? ¿Es posible que exista letra pequeña al final de ese contrato? (Recordé cuando casi muero ahogado en mi primera expedición al Paititi y la curación de mi madre.) ¿En circunstancias excepcionales se puede afectar la «línea de tiempo» de un aprendizaje humano en la Tierra? ¿Para qué? ¿Es factible que nuestro «yo» proyectado en el «futuro» nos eche una mano? ¿Cómo funciona?

O, simplemente, ¿todo esto es un delirio?

No lo creo...

Amatlán y los entresijos del tiempo

Los antiguos griegos se referían al tiempo con los conceptos *chronos* y *kairós*. El primero mide el tiempo lineal. El segundo es el momento justo, el lapso indeterminado donde lo trascendental sucede. Y, exactamente, eso fue lo que ocurrió en la «zona neutra» de Marcahuasi.

En otras ocasiones, hemos vivido episodios de alta extrañeza en estos lugares de contacto, sucesos que implicaron profundas revelaciones sobre el misterio de las referidas «líneas de tiempo». Pero el caso de Déborah en el 2017 fue la gota que colmó el vaso. Nos sobrecogió. Fue contundente. Cinco meses después de esta impactante experiencia me encontraba en México, invitado por Déborah, para ofrecer un taller en Amatlán de Quetzalcóatl, una preciosa comunidad que forma parte del municipio de Tepoztlán, al norte de Morelos.

Buena parte de mi trabajo se ha concentrado en estas dinámicas en el campo que permiten explorar los protocolos de contacto y una variedad de técnicas de meditación y proyección remota que se emplean en la comunicación con «ellos». Pero estas informaciones van mucho más allá del fenómeno contacto. Mi intención es promover una búsqueda y redescubrimiento interior en el marco del conocimiento de que no estamos solos. Es profundamente transformador.

Estas técnicas existen desde siempre. Buena parte de ellas fueron conocidas y usadas por antiguas comunidades de la Tierra. Desde el origen del contactismo moderno, como ya he señalado, han sido parte del entrenamiento psíquico para mantener la comunicación con los extraterrestres y explorar otras realidades. Este conocimiento, con el transcurrir de los años, ha sido revalorizado al punto de haber sido sometido a dilatados estudios científicos. Un claro ejemplo es el insistente trabajo de los físicos Harold Puthoff y Rusell Targ en el campo de la percepción extrasensorial. Obtuvieron impresionantes resultados en sus experimentos de proyección remota, en los que participaron desde agentes de inteligencia de Estados Unidos hasta personas anónimas. El documental *Third Eye Spies* (2019) sintetiza muy bien estas investigaciones que también han terminado topándose con la realidad de los ovnis...

Inicié mi taller en Amatlán haciendo una reflexión sobre el terremoto de septiembre, sobre tomar conciencia de la fuerza del planeta y cómo nos comportamos en su superficie. Entonces guie una práctica de resonancia, basada en ejercicios de visualización de patrones geométricos que puedan «contener» energía. Propuse enviar esos «cristales de luz» que mentalmente estábamos creando a las placas tectónicas de México, para descargar así la energía acumulada sin que esto vuelva a significar una catástrofe.

De pronto, sentí que el suelo se movía.

Y, al abrir los ojos en medio del ejercicio, veo que las columnas del patio en el que estábamos todos reunidos se agitaban de un lado a otro... En ese preciso instante estaba empezando otro terremoto. Pero las más de cien personas que realizábamos esta proyección hacia las entrañas de México nos mantuvimos firmes, sosteniendo la energía que visualizábamos.

Nunca olvidaré el 18 de febrero del 2018. El terremoto fue algo más fuerte que el del 2017, alcanzando una magnitud de 7,2. Y aunque remeció buena parte del país, no ocasionó víctimas mortales y solo hubo daños materiales en Oaxaca, la zona del epicentro.

¿Cómo explicarlo? ¿Nuestro trabajo mental «aminoró» los

efectos de un nuevo sismo que iba a ocurrir en esa fecha en México? ¿Mi taller en Amatlán fue «ajustado» en esa coordenada de espacio y tiempo con un propósito? ¿O, sencillamente, esta sincronicidad de situaciones había sido «programada» para dejarnos un poderoso mensaje?

Sea como fuera, me resisto a tildar esta experiencia de casualidad y pensamiento mágico.

Menos tras lo que ocurrió en Marcahuasi.

Macizo de Amatlán de Quetzalcóatl, visto desde nuestro dron. Tepoztlán, México.

Ambas situaciones con los terremotos estaban conectadas. Empecé a entender el mensaje de Ivika que nos convocó a Marcahuasi, que sostenía que a partir de ese viaje «comprenderíamos lo que venía».

Un nuevo terremoto se iniciaba, pero interior...

Dos ovnis en el aeropuerto de Lima

Al año siguiente, en febrero del 2019, volví a ser invitado a México para ofrecer un nuevo taller, esta vez al pie del mítico monolito de Peña de Bernal, en Querétaro. Fue el preludio de una vivencia personal en Lima de la que no he escrito antes.

Mi padre venía lidiando con graves problemas de salud. Con setenta y seis años, padecía una obstrucción severa de la aorta y además sus riñones estaban dejando de funcionar, condenándolo a la diálisis. En esos días su estado había empeorado y mi madre no ocultaba su angustia cuando hablaba del tema conmigo. Mientras la escuchaba, me emocionaba y solo quería encontrar el momento de viajar a Perú para apoyarla y ver a mi padre, tal vez para una despedida.

El día 25, Sol y yo estábamos en el aeropuerto de Ciudad de México para volver a Argentina. Un vuelo nocturno con destino final en Córdoba. Nuestro plan era organizar cuanto antes una escapada a Lima en cuanto volviéramos a casa. Entonces, el «Imán Cósmico» hizo de las suyas... Latam nos canceló de improviso el vuelo y nos hospedó esa noche en el hotel Camino Real, que se halla dentro del aeropuerto. Saldríamos en otro vuelo similar, pero al día siguiente, con una escala en Lima que implicaba permanecer varias horas en Perú. Sería otra noche de hotel a cargo de la aerolínea y un regalo para mí porque podría ver antes de lo esperado a mi padre.

Llegamos a Lima en la madrugada del día 27.

Tenía una sensación extraña al bajar del avión.

Entonces, Sol me dice a bocajarro: «¿Los sientes? Creo que están muy cerca, como observando». Mi esposa se refería a «ellos».

En fin, salimos del aeropuerto y el transporte asignado por Latam nos dejaría en el cercano Holiday Inn Lima Airport. Nos tocó una habitación en los pisos altos. Desde allí veíamos la pista de aterrizaje. Sol tenía razón, se les sentía cerca. Pero cerré las cortinas y me dispuse a un breve descanso, estaba agotado y tenía planeado darle la sorpresa a mi padre esa misma mañana antes de retomar el vuelo a Argentina.

Al despertar me doy con la noticia... Dos ovnis fueron vistos paseándose a sus anchas en las inmediaciones del aeropuerto de Lima.

Los luminosos objetos aparecieron a las 1:30 horas de la madrugada y permanecieron en la zona durante cuarenta minutos. Los «no identificados» volaban a solo 2.400 metros de altura. Los pilotos de Latam, que estaban en sus aeronaves en las pistas de rodaje, lo reportaron. El mayor general de la Fuerza Aérea Peruana, Robert Baxeiras Vucanovich, tuvo que admitir la existencia de esos reportes, que fueron debidamente presentados al Centro de Intereses Aeroespaciales (CINAE), para que el Departamento de Investigación de Fenómenos Aéreos Anómalos realizara el análisis y la investigación correspondiente. A día de hoy el misterio aún permanece.

Mas el encuentro cercano que deseaba ese día era con mi padre. Y este se produjo esa mañana del 27 de febrero del 2019.

Creo que nuestra conversación le dio impulso. Él no le tenía miedo a la muerte, pero quería estar un tiempo más entre nosotros para acompañar a mi madre y celebrar juntos sus bodas de oro, cincuenta años de matrimonio que cumplirían el 29 de octubre del 2021. Lo consiguió. Estuve allí con mis dos hermanos y todos fuimos muy felices.

El 18 de diciembre del 2022, papá fallecía de un infarto.

Como buen futbolero y amante de Argentina, eligió partir el día de la final del mundial de Qatar, que ganó la albiceleste. Aunque no lo pudo ver ni celebrar (al menos en su cuerpo físico). Había partido antes de que el partido se jugara.

Mi madre lo cuidó con esmero hasta que mi padre ya no pudo más. Su amor y dedicación me conmovieron. Entonces decidí añadir su apellido, Corpancho, para firmar mis nuevos artículos y libros. Hasta mandé cambiar el nombre de mis sitios en internet. Un humilde y simbólico homenaje a quien me enseñó que para amar debes darlo todo, aunque te duela, como bien hubiese defendido la Madre Teresa.

En esos últimos años que compartimos, mi padre me confesó muchas cosas de las que no había hablado antes. Una de ellas, la historia del bendito libro de Richard Greenwell. «No lo compré para mí —me aseguró—; cuando tu mamá se quedó embarazada algo me dijo que me hiciera con ese libro sobre los ovnis, porque sería importante para ti cuando crecieras.»

Gracias, papá, ahora ya sabes la verdad de todo...

El hasta luego de Zerpa

Pero volvamos al 2019. Un viaje de investigación llevaría nuevamente a nuestro grupo de expediciones a los Andes peruanos. El objetivo era explorar un lugar no muy conocido en el ámbito de la ufología: Hatun Maché (la «Gran Cueva», en quechua).

Este impresionante bosque de piedras, que esgrime curiosas figuras de hasta 83 metros de altura y grutas con antiguos petroglifos, se encuentra en Áncash, provincia de Recuay, en el hermoso distrito de Pampas Chico.

Situado a 4.260 metros sobre el nivel del mar, Hatun Maché es un lugar frío y duro, como lo es la puna andina. Pero al mismo tiempo es un lienzo cautivante, un disfrute para los ojos. Un «templo abierto», como suele decir mi amiga, la investigadora y autora catalana Carmen Maymó.

Previamente nos habíamos aclimatado en Yungay (2.458 metros), al pie del corpulento Huascarán, eje de los encuentros cercanos con los denominados «apunianos». Como recuerdan mis lectores, fue en ese escenario donde conocí a Ivika, en la imborrable experiencia del 12 de abril del 2015.

Con parte de nuestro equipo de expediciones en el campamento base de Hatun Maché.

El 7 de agosto abandonamos muy temprano nuestro hospedaje en Yungay para viajar a Hatun Maché. Durante el trayecto por la carretera de alta montaña, al borde de precipicios y sorteando curvas pronunciadas, no podía quitarme de la cabeza un sueño que había tenido poco antes de despertar, alrededor de las seis de la mañana de Perú.

Había soñado con Fabio Zerpa. Se despedía de mí...

Sabía que estaba internado. Hasta sus noventa años se mantuvo con mucha lucidez y sentido del humor, pero tuvo una descompensación y todo cambió. Su esposa, mi querida Adriana Ferreyra, me había informado el 5 de agosto de que la situación de Fabio se estaba agravando y podía partir pronto.

La sensación de tener a Fabio cerca se incrementó sobremanera cuando llegamos a Hatun Maché. Incluso me llegó a «hablar» y sugerirme cosas para mi camino, como si estuviese físicamente allí.

¿Esa nueva «zona neutra» que explorábamos funcionaba como un trampolín para esa supuesta comunicación?

Subí a lo alto de un cerro cercano y conseguí señal en mi móvil para comunicarme con Adriana. Eran las 10:00 horas. Ella me contestó y me dijo que Fabio había fallecido a las 8:00 horas de la mañana de Buenos Aires (dos horas antes en Perú). Es decir, había tenido el «sueño» justo cuando Fabio partía...

Realmente me emocioné.

Conocí personalmente a Zerpa en una fecha tan tardía como el año 2006. Lo había invitado a participar en *Enigmas*. Pero lo «conocía» de mucho antes: a través de sus libros, su pionera revista *Cuarta Dimensión* y sus frecuentes entrevistas en medios. Se había lanzado al vacío, dejando una exitosa carrera como actor en Argentina, para explorar el misterio de los ovnis. Fue a raíz de un avistamiento que presenció con personal de la Fuerza Aérea. Corría el año 1959. Zerpa se hallaba a bordo de un avión militar para grabar una escena de *Cóndores de acero*, serie televisiva de Canal 7, cuando el propio piloto le advierte del ovni tubular que los acompañaba al lado.

Ese mismo año iniciaría sus estudios de los «no identificados». Y estuvo tras «ellos» durante sus siguientes sesenta años de vida. Su legado es incalculable.

Compartimos copiosos momentos en su último tramo de camino. Nuestras charlas eran muy profundas. Realmente vivimos experiencias hermosas. Una de ellas, cumplirle un sueño: quería dar una conferencia conmigo y J. J. Benítez en Capilla del Monte.

«Tres generaciones de investigadores simbólicamente representadas en el Uritorco», vociferaba con viva emoción. Y lo logramos. En el 2017 organizamos un congreso internacional que hizo estallar de gente el cine-teatro Enrique Muiño. Fabio estaba feliz. Todos lo estábamos. Ha sido el congreso más mágico que he vivido.

En Hatun Maché mi mente repasó todo lo que Fabio había sembrado en tanto tiempo, desde que abandonó su Uruguay natal para hacer una carrera de cine y teatro en Argentina y luego terminar con los ovnis. Mas, sin abandonar sus investigaciones del fenómeno contacto, también se entregó a la no menos atrayente exploración de la vida después de la vida. «Morir es volver a casa, Ricardito», me decía siempre.

Sigo al pie de la letra el consejo que me dio en Hatun Maché desde ese otro lado...

A petición de Adriana, fui yo quien comunicó la noticia de su fallecimiento.

Pero Zerpa sigue vivo.

Y no lo digo en un sentido metafórico.

Ricardo y Sol, junto a Fabio y Adriana, tras una conferencia en Capilla del Monte, 2016.

Un emocionado Fabio Zerpa abraza a Juanjo Benítez, en su esperado reencuentro en Capilla del Monte, 2017.

Una ayuda invisible

En cuanto pusimos a punto el campamento base iniciamos nuestra exploración del bosque de rocas volcánicas. Su extraordinario parecido con Marcahuasi, Hayumarca, Montserrat, Los Terrones y otros santuarios de piedra que han sido escenario de avistamientos ovni, me llamó poderosamente la atención.

En esa faena conocimos al único habitante de Hatun Maché, el pastor Antonio Pérez Zenobio, miembro de la comunidad indígena Pampas Chico. Antuco, como prefiere que le llamen, nos narró ante la cámara sus encuentros ovni en el lugar, objetos que emitían una poderosa luz que iluminaba la noche como si fuese de día.

«Iluminaban todo, las rocas, mi ganado, todo el lugar», afirmó sorprendido. Nosotros mismos fuimos testigos de la aparición de esos objetos por la noche, luces brillantes de color blanco y rojizo que irrumpían en el hermoso cielo estrellado, volando en formación o lanzando fogonazos. Lamentablemente, no pudimos registrarlo con nuestras cámaras.

Luego exploramos la Cueva Grande, una ancha y poco profunda gruta que exhibe gran cantidad de petroglifos que, admito, me cortaron el aliento. Allí hallamos representaciones de criaturas que, según la tradición local, protegen las entradas al mundo subterráneo. Son los guardianes del *Uku Pacha*, «el mundo de abajo». Ya he visto esta clase de figuras en otros puntos de los Andes y la selva amazónica, como el muro de Pusharo. En medio de ese mosaico de criaturas y símbolos, identificamos el petroglifo de una mano izquierda grabado sobre una «ventana», que muestra otras dos curiosas caritas aladas que parecían evocar un símbolo de transformación y trascendencia. ¿Se quiso representar un ritual? ¿A un chamán? ¿Un conocimiento ligado al viaje del espíritu? ¿O se trata de otra cosa?

Debajo de esa mano izquierda descubrimos los petroglifos de dos pies. Y el derecho, según nuestras observaciones, mostraba seis dedos...

Es un tema que vengo investigando desde el año 2002, cuando descubrimos y dimos a conocer otro petroglifo de un pie con seis dedos en Talampaya. Distintas tradiciones americanas señalan estos casos de polidactilia como una herencia de los «dioses». Y es que los «marcados» eran considerados seres-puente con otras realidades: a través de ellos se identificaban las *huacas* o lugares sagrados de la Pachamama, portales o vórtices desde donde se conecta con otros planos espirituales. Y para que esos enclaves especiales no fueran olvidados, dejaban allí arte rupestre o petroglifos para que el iniciado del futuro los interpretara. Lugares famosos de América vinculados al contacto con otras realidades tienen estas «marcas». Las he hallado, incluso, cerca de Roswell, en Nuevo México.

Tras tomar muchas notas en nuestros cuadernos de campo, y un sinnúmero de fotografías y material en vídeo, decidimos hacer una práctica de proyección remota en la cueva de los símbolos.

Y, entonces, algo poderoso me ocurrió.

Cuando llegó mi turno de entrar allí, sentí apoyar mi frente en la roca y colocar mi mano izquierda sobre unos de los símbolos, en el preciso lugar en donde habíamos identificado un «altar». Al cabo de unos instantes en silencio, una serie de imágenes empezaron a desfilar en mi mente. No tenía control de ello. Seguidamente, «alguien» me empezó a hablar, afirmándome con gran seguridad que ese lugar se abriría al mundo como un «centro de iniciación», un nuevo espacio de contacto que activaría el recuerdo dormido en los peregrinos de buen corazón y honesta búsqueda. Fuera lo que fuese, «aquello» me pidió que lo diera a conocer, y eso es lo que ahora mismo estoy haciendo al escribir estas líneas...

El autor examinando la cueva de los petroglifos.

Algo invisible nos empujó a colocar nuestra mano izquierda en el misterioso petroglifo de Hatun Maché. Era parte de un olvidado ritual para poder «entrar».

Pero ocurrió algo más. De pronto surgió una imagen en la que lucía agotado y delgado. Tenía una enfermedad terminal. Era cáncer. Y he ahí que la visión me mostró, increíblemente, una porción de mi intestino, exactamente el colon sigmoide. Algo se iba a manifestar allí. La «voz» que me guiaba me sugirió una determinada dieta para seguir durante un año, sosteniendo que luego estaría listo para que los médicos me intervinieran. Fue tan rotundo y convincente, que seguí las indicaciones de esa fuente invisible y desconocida de Hatun Maché.

Y, entonces, recordé el cáncer de mi madre en el colon, del que sobrevivió gracias a la ayuda de «ellos». La situación parecía repetirse. Por ahora, parecía que no era mi momento. Una vez más...

Finalmente, me sometí a la intervención. Y, tal y como lo había «visto» en la experiencia de Hatun Maché, los médicos hallaron un elemento en formación en el colon sigmoide que debía ser quitado a tiempo. Me retiraron un adenoma con displasia de alto grado, es decir, un carcinoma *in situ,* neoplasia que no se había diseminado.

¿Qué o quién me avisó a tiempo?

Nuevamente el mejor escenario para lo imposible era una «zona-neutra».

Como Alicia en el País de las Maravillas, sigo confiando en el conejo blanco...

Capítulo 12

CRONOCONTACTO

He vivido más de una experiencia asociada al misterio de las «líneas de tiempo» y los «acuerdos de vida». Esta información, qué duda cabe, ha sido una de las más reveladoras y desconcertantes que han surgido en nuestra experiencia de contacto.

Con el riesgo de equivocarme, compartiré en las siguientes líneas mis sensaciones. Pero advierto que ese conocimiento no se puede escudriñar con el intelecto, sino con el alma.

Maat, la Armonía Cósmica

No me andaré con vacilaciones: creo que somos espíritus viviendo en un cuerpo biológico finito y temporal. Rechazo la idea de que solo existimos como complejas criaturas de carne y hueso.

En la experiencia de contacto he aprendido que encerramos algo mucho más poderoso. Seríamos una especie de consciencias viajeras que anidan un tiempo en el cuerpo humano, pero que pueden olvidar en el camino de la materia su auténtica e íntima naturaleza espiritual. Este conocimiento es un trascendental redescubrimiento interior.

En mi opinión, somos una especie de «infiltrados» en el planeta Tierra. Elegimos este mundo desde antes de nacer. Y tampoco me cabe duda de que se ajustaron todos los mecanismos posibles desde planos superiores para ser «asignados» a la correspondiente experiencia de aprendizaje. Y esto incluye todos los detalles: desde en qué lugar geográfico nacer, en el seno de qué familia, dónde crecer, qué aprender, amores, desengaños, enfermedades, «éxitos» y «fracasos» (las comillas, nuevamente, van con intención), hasta que arribe el momento de la partida, de abandonar la existencia humana tal y como la conocemos. Y habrá un «reporte» de nuestra ilustración en la Tierra, como bien lo refleja el papiro de Hunefer (1310 a. C.).

Es difícil analizar desde qué lugar venimos a encarnar al planeta y hacia dónde vamos tras la muerte. Somos tan inconscientes de nuestros pasos como humanos, que pretender entender misterios más profundos nos supera. Lo poco que sabemos gracias a la experiencia de contacto es que existe un orden espiritual más allá de la existencia terrena, y ello implica la manifestación de un consejo de consciencias celestes que guían y evalúan a las almas peregrinas durante sus encarnaciones en los mundos-escuela. Conocido como el Tribunal de Maat en el Antiguo Egipto o Señores del Karma en el esoterismo, esos supuestos seres, o fuerzas o leyes del universo, ejercen un rol de control, orden y asistencia. Cada detalle está calculado. «Todos los cabellos de vuestra cabeza están contados», afirmó Jesús de Nazaret (Lucas 12: 7). Sin embargo, hay sucesos extraordinarios que activan la ya mencionada letra pequeña del contrato de vida.

Cuando esa cláusula es operativa, el programa de aprendizaje del alma caminante puede sufrir «modificaciones», como extender el tiempo de permanencia en el mundo-escuela. Desde luego, son innumerables los casos en los que una persona sobrevive a la muerte porque, sencillamente, «no era su momento». Pero hay otros episodios en los que sí estaba «pactado» partir y, sin embargo, si la referida cláusula era activada, se vuelven a barajar las cartas y a tirar de nuevo...

No entiendo cómo ocurre este fenómeno. No tengo la capacidad de comprensión ante semejante suceso. Solo «sé» que la letra pequeña del contrato se puede aplicar en casos muy puntuales en donde el trabajo y servicio del espíritu caminante en el mundo-escuela se ajusta a nuevos lineamientos del «gran programa», que desconocemos en sus aspectos más profundos...

Maat, en el Antiguo Egipto, era la diosa cuya existencia se inicia simultáneamente con la creación, ya que ella simboliza la verdad, la justicia y la armonía cósmica. Su misión es abogar por un mundo ordenado y en equilibrio, y contrarrestar las fuerzas destructoras del caos. Era una de las deidades más veneradas y respetadas, aunque también su símbolo fue convenientemente utilizado por los gobernantes de Egipto. La referida cláusula que modifica la «línea de tiempo» de un alma en la Tierra se basa, según mi información, en el principio de la armonía cósmica de Maat. Se puede precipitar con una acción. Se puede invocar con una decisión en total consciencia. Y si ello se alinea al movimiento del «gran programa», que no es estático, que se mueve y se transforma continuamente como ocurre con las distintas manifestaciones del universo, la «línea de tiempo» es «reorganizada».

Representación de la diosa Maat.

Si vivimos en piloto automático y solo basamos nuestra vida en los éxitos materiales e intelectuales, este conocimiento resultará extraño y absurdo.

Será como intentar sembrar en un árido desierto.

Pero confío en el espíritu de estas líneas.

Poderosos vientos ya arrastran nubes de lluvia...

Ecos del Atacama

Y fue en un desierto —y no en cualquier desierto— donde volvió a suceder lo imposible...

El equipo de investigación Iniciativa Chajnantor de Chile me organizó un taller en el desierto de Atacama. Del viernes 24 al domingo 26 de marzo del 2023, unas cien personas acampamos allí para dialogar sobre el contacto extraterrestre y llevar a cabo una serie de prácticas de contacto. La noche del sábado 25 sucedió el primer evento extraordinario.

Nos alejamos de las tiendas de campaña y caminamos a desierto abierto para realizar allí un intento de comunicación con «ellos». Desde el lugar que elegimos teníamos una vista privilegiada de la cordillera andina, resaltando en el horizonte el imponente volcán Licancabur. Una poderosa tormenta había estallado sobre los Andes. Un espectáculo de relámpagos y sinuosos rayos iluminaba la noche durante nuestra práctica de meditación. La tormenta, como digo, estaba localizada en la cordillera. Pero sobre nosotros, rebelándose al cielo encapotado, había un enorme hoyo que nos permitía disfrutar de las estrellas. Entonces identificamos el paso de varios objetos anómalos.

Y lo más interesante vino después, cuando algunos de ellos «bajaron» y empezaron a deambular por el desierto, volando a la altura de los pocos árboles del Atacama (en este caso, un grupo de chañares cercano a nuestra posición). Sin pensarlo mucho, tomé mi cámara de visión nocturna Sionyx Aurora para verlos mejor y entonces no tuve duda de que eran objetos con movimientos inteligentes, no rayos globulares o centellas de la lejana tormenta en actividad en los Andes. Y, aunque filmé esas «anomalías» (me cercioré del indicador rojo de grabación), al revisar luego los archivos de la cámara me di con la sorpresa de que las imágenes no estaban...

Pero el gran grupo allí reunido fue testigo de lo que ocurrió.

Entonces detectamos el paso de unas potentes luces entre las nubes de la tormenta. A diferencia de todo el fenómeno meteorológico, aquello se movía con autoridad y firmeza en medio de los rayos. Decidí olvidarme de la cámara. Total, ya tenía una grabación de objetos cercanos revoloteando cerca de los árboles (o eso creía). En medio de estos fenómenos, me dispuse a dirigir una práctica de proyección remota hacia las presuntas naves que surgían en medio de la tormenta.

Llevamos a cabo, con ejercicios mentales de relajación y enfoque, la técnica de proyección, y así varios de los allí presentes conseguimos acceder al interior de una de las naves. En mi caso, «aparecí» en medio de un gran salón circular, blanco y muy iluminado, como los que conocí en los citados contactos de Chilca en el 2001 y Monte Shasta en el 2012. En esta experiencia distinguí dos figuras en el centro del salón. Una de ellas la conocía, era Ivika. La segunda presencia, también una mujer, me resultaba muy familiar. Estaba vestida con el mismo mono metálico que mostraba Ivika. Y el corazón se me estrujó en el pecho cuando al observarla con mayor atención, identifiqué en ella a nuestra querida amiga N (preservaré su nombre por respeto a su familia), que había fallecido cuatro meses atrás en un violento accidente de tráfico en España.

En el momento en que supe la noticia, quedé pulverizado...

Milagrosamente, su esposo y su hija adolescente sobrevivieron al terrible choque múltiple (un camión los embistió por atrás cuando estaban estacionados con su furgoneta, aguardando la liberación de la autovía que estaba interrumpida por otro accidente). Y pensar que minutos antes nos estábamos mensajeando por WhatsApp con motivo de su cumpleaños, que había celebrado ese mismo día... Sé que su alma eligió esa fecha para partir. Una variedad de señales y extraordinarias experiencias vividas por sus cercanos seres queridos así me lo confirman.

N, para Sol y para mí, no solo era una de nuestras mejores amigas y un miembro fundamental de nuestro grupo de expediciones por su amor y calidad humana. Por encima de todo, N era nuestra hermana, parte de nuestra familia. Y verla allí, luminosa y sonriente, al lado de Ivika, me descolocó.

Con rostro risueño me miraba a los ojos con ternura.

Pero no me dijo nada. Fue su expresión la que me lo dijo todo.

Al concluir la proyección remota compartimos todo cuanto habíamos percibido. Y fue grande la conmoción cuando alrededor de una docena de personas reportaban su encuentro con N e Ivika dentro de la nave...

Hubo llantos y abrazos. Fue muy poderoso.

Aclaro que no hubo ningún tipo de charla o comentario relativo a la partida de N que pudiese haber «sugestionado» a la gente en la práctica de proyección remota. Fue una «coincidencia» notable. También debo decir que no me atrevo a señalar a N como una de «ellos». Sencillamente, estaba al lado de esos seres.

«Sencillamente»...

Si en verdad fue así, ¿cuál es la explicación? ¿Qué hace una persona fallecida al lado de Ivika? ¿Otra vez el teatro ovni para dejarnos un «mensaje»? O, quizá —lo pensé— en uno de los planos en donde «ellos» se pueden mover converge la realidad de los que han partido. Inevitablemente, las aseveraciones de Zerpa y de otros investigadores con respecto a la desconocida conexión entre el «más allá» y los ovnis asaltaron mi mente. ¿Será posible?

N, como ya dije, no me habló en esta experiencia.

Pero sí recibí una información de Ivika. La mujer extraterrestre me invitaba, una vez más, al Valle de la Luna para un contacto. Sería el domingo 26 por la tarde.

Pero me aclaró que enfrentaría algo diferente. Le llamó «cronocontacto». De acuerdo con sus explicaciones, más que promover una nueva experiencia en los términos en los que yo podía etiquetarla, su verdadero objetivo era que ahondara en lo ya vivido y, además, se abriera una instancia distinta de intercambio. Para que aquello funcionara, debía acudir al lugar exacto donde había tenido el último contacto directo con ella: la Gran Duna del Valle de la Luna. Al llegar allí, según Ivika, se abriría un vórtice para unir el contacto del 27 de septiembre del 2016 con mi tiempo actual en la fecha marcada de enlace, el 26 de marzo del 2023.

Me insistió en que no solo se trataría de recordar lo ya vivido y profundizarlo, sino que podríamos interactuar en un tiempo dentro de la convergencia de dos tiempos. El referido «cronocontacto» sería un encuentro en un «tercer tiempo».

Su impactante planteamiento me hizo recordar aquellos casos de contacto en donde un equipo de psicólogos y psiquiatras procuraban recuperar —a través de hipnosis profunda— detalles ocultos de la vivencia del testigo. Así pues, los investigadores «viajaban» a través de la mente del contactado hacia el momento mismo de la experiencia. Pero algo, a veces, sucedía. Una vez que el contactado «recuperaba» esas esquivas memorias de su encuentro con los presuntos seres extraterrestres, los especialistas consultaban si podían hablar con «ellos». Entonces se producía un intercambio de información: la experiencia del contactado era rescatada del pasado, los especialistas indagando desde el futuro, pero ambas coordenadas de tiempo eran «unidas» por una interacción con el agente exógeno responsable de la experiencia.

Entendí el experimento que proponía Ivika. Y acepté.

Y así llegamos al domingo 26 de marzo del 2023. Era una tarde soleada, de cielos despejados y lejanas nubes. Pero el clima mutó en un santiamén en cuanto pusimos un pie en la Gran Duna. Los fuertes vientos que allí irrumpieron ocasionaron una tormenta de arena de película que obligó a los guardaparques a evacuar el Valle de la Luna. Como ya describí al inicio de este libro, en medio del fenómeno acudí a la cita con Ivika. «Treinta segundos de tu tiempo en conexión con nosotros será suficiente», repetía su indicación en mi mente mientras me colocaba en el lugar «marcado».

Entonces todo volvió a suceder, como un *déjà vu*. El contacto del 2016 se iniciaba otra vez. Pero cuando tuve a Ivika frente a mí, intervine en el «bucle» solicitando hacer preguntas. E Ivika accedió. Aunque me señaló que antes de poder dialogar en ese «tercer tiempo» debía comprender el proceso seguido desde el principio...

Y no tengo palabras para describir lo que sucedió.

¿Cómo es posible que en una fracción de tiempo toda tu vida vinculada con este fenómeno desfile por tu mente, ocasionando una explosiva comprensión? No solo contemplé todo cuanto me había sucedido desde pequeño con este fenómeno, sino que lo revivía, lo sentía, siendo protagonista de las escenas y a la vez un observador neutral que analizaba. Era como la típica descripción del «resumen de vida» que han reportado algunos testigos de ECM, pero en este caso provocada por «ellos».

Sea como fuese, ese «resumen» es lo que he intentado compartir a lo largo de este libro: mis primeras experiencias, mis preguntas, mi exploración del contacto, mis dudas y mis contadas, pero valiosas certezas. ¿Mi historia le podría servir a alguien? ¿Mis equivocaciones, apasionados sueños, encuentros cercanos con lo imposible y mi incesante búsqueda podrían ser «útiles»?

Espero que sí.

«El viaje puede ser más importante que llegar a destino.» Es uno de los mensajes que sentí que debía dejar en este libro-testimonio. Que sea una derrota de la ufología clásica y una victoria de la consciencia...

Entonces se inició el diálogo con Ivika. Un intercambio que intentaré reproducir de la manera más fiel posible.

«Lugares intermedios»

—Lo que viste no es ajeno a ti —se apresuró a explicarme ante mi desconcierto—. La experiencia también brota de tu interior.

—Ayúdame a entender. ¿Este fenómeno que ustedes han provocado en el desierto no es el causante de hacerme «revivir» mis más íntimos recuerdos? —le pregunté, asombrado en medio del trance que estaba atravesando.

—Fue solo un marco para unir diferentes realidades, pero su epicentro no es solo el lugar; el verdadero núcleo se halla en lo más profundo de tu consciencia —aseveró Ivika.

Entonces enlazó su sustancia mental con la mía para hacerme comprender cómo usaban las fuentes de fuerza de la naturaleza. La tormenta no era producto del vórtice que activaron para el «cronocontacto». Habían usado la energía latente de grandes tormentas en los Andes para reconducirla a la Gran Duna y despertar así su nodo en enlace con nuestra psique. Suena increíble, pero pueden hacer cosas aún más poderosas. Ivika me recordó los viajes espaciales de avanzadas civilizaciones extraterrestres, que pueden usar las fuerzas naturales del universo y de los planetas como puntos de entrada y salida. Sin ir muy lejos, es lo que sucede entre las órbitas de Júpiter y Saturno, un «portal del tiempo» que tiene como enlace dos fenómenos naturales: la mancha roja de Júpiter, un gigantesco vórtice anticiclónico de 16.000 kilómetros de diámetro en donde toda la Tierra podría caber, y la gran tormenta blanca de Saturno, otro enorme espectáculo meteorológico según nuestros científicos, «portales» naturales de corta duración que se abren en determinados momentos y que «ellos» saben sincronizar y manipular para fluir a través de su singularidad. «Atajos» que recuerdan la teoría de los agujeros de gusano o puente de Einstein-Rosen. Pero ¿manifiestos en un fenómeno de intensas tormentas en el Sistema Solar?

Ivika se quedó en silencio, pero unida a mí. Sentía que me analizaba, sin juzgarme, a pesar de que en varios episodios de mi vida había cuestionado duramente distintos aspectos del contacto que no terminaban de encajar en mi paradigma mental. Ahora empezaba a verlo todo desde otra perspectiva y ella lo notaba.

Sea como fuese, había olvidado la tormenta de arena. No existía.

Solo estábamos allí esa extraña mujer y yo, en medio de esa «burbuja» de realidad mental en la que admito me sentía muy cómodo. Era como un sueño lúcido del que no quieres despertar. No obstante, era consciente de que era el momento de hacer algunas preguntas antes de que las condiciones del cronocontacto se cerraran.

—Ivika, ¿por qué vimos a N en la proyección a la nave? ¿Realmente sucedió?

—Fue una experiencia real —contestó—. Nosotros podemos movernos en distintas membranas espacio-tiempo y en una de ellas hay un punto de convergencia con los humanos que abandonaron la simulación.

—¿Simulación? —le pregunté desconcertado.

—Los mundos-escuela son contextos de simulación. Más allá de la percepción que tienen del universo, basado en mediciones y evidencias científicas, su comprensión es incompleta porque existen otras realidades superiores inhabilitadas de ser capturadas por la actual tecnología. Los humanos de la Tierra están convencidos de la densidad del plano que ocupan, pero cuando les toque abandonar esa experiencia, despertarán hacia una realidad inimaginable.

—¿Despertar?

—Sabemos que para muchos la muerte es el fin de todo. Y algunos conceden que tal vez sea como seguir viviendo en un sueño profundo y etéreo. Pero ¿qué pensarían si les dijera que su vida en la Tierra es el sueño y que cuando «mueren» es cuando logran despertar?

—¿Y dónde despertamos? —pregunté intrigado.

Ivika se quedó nuevamente en silencio, como si fuese a medir sus palabras.

—En un «lugar intermedio», al que solo acudirán cuando llegue el momento.

—Pero ¿qué es ese «lugar intermedio»? ¿Tiene una ubicación o coordenada que podamos comprender? —pregunté atropelladamente.

—No puedo ahondar en detalles —respondió Ivika con aplastante seguridad—, aunque sí puedo decirte que existen diversos mundos coexistiendo con la Tierra, y también en otros planetas. En esas realidades paralelas la vida sigue.

—¿Es física?

—Es algo superior a lo que ustedes llaman «físico».

—¿Y cuánto tiempo se permanece en esos «lugares intermedios»?

—No puedo responder con precisión esa pregunta, porque depende de la «línea de tiempo» única de cada ser. Aunque sí puedo confirmarte que también estuvieron allí antes de iniciar la experiencia humana en la Tierra. Son centros de entrenamiento.

Las afirmaciones de Ivika me recordaron los mensajes del famoso sensitivo brasileño Chico Xavier (1910-2002), quien defendió la existencia de una vida «física» después de la muerte, un estadio en donde habitaríamos un nuevo cuerpo de realidad superior. ¿Acaso los «mundos transitorios» que ya citaba Allan Kardec en 1857? Sea como fuese, Xavier describe ampliamente la vida en esos otros mundos que visitaríamos tras la muerte en su libro *Nuestro Hogar* (1944). Su versión en película de Wagner de Assis, publicada en el 2010, fue vista por mi padre —bajo mi recomendación— meses antes de que partiera.

Curiosamente, quince años después de la publicación del libro de Xavier se daba a conocer en Estados Unidos el hoy mítico *Libro de Urantia,* un voluminoso texto que contiene diversas canalizaciones que describen la misión de la Tierra (Urantia) y su relación con un superuniverso organizado conducido por altas jerarquías cósmicas. En su documento 47 existe una descripción de los «mundos-mansión», siete en total, por los que el alma de un humano debe transitar hasta alcanzar el «Paraíso». En uno de sus pasajes dice:

> En los mundos-mansión, los supervivientes mortales resucitados reanudan su vida justo donde la dejaron cuando les sorprendió la muerte. Cuando vayáis desde Urantia al primer mundo mansión notaréis un cambio considerable, pero si hubierais llegado desde una esfera del tiempo más normal y progresiva, apenas notaríais la diferencia de no ser por el hecho de poseer un cuerpo distinto. El tabernáculo de carne y hueso se ha quedado atrás en el mundo nativo (*Libro de Urantia* 47:3.1).

¿Estas informaciones tienen relación con los «lugares intermedios» que menciona Ivika?

En su momento, estos seres nos habían hablado de los «manantiales cósmicos de vida», en donde, supuestamente, surgen los espíritus caminantes. Esas fuentes de luz y sonido se encuentran en planos sutiles y confluyen con algunas realidades del espacio conocido, como las nebulosas: verdaderas guarderías estelares en cuyo seno nacen estrellas y protoplanetas. Pero nunca antes se habían referido a esos «lugares intermedios», espacios de tránsito en donde se desarrolla una vida «casi física», con el fin último de alcanzar una realidad más sutil en donde las formas se desvanecen para dar paso a la integración total con la luz primera...

—¿En esos «lugares intermedios» se conserva nuestra última apariencia humana? ¿Y qué ocurre con la memoria? ¿Se puede conectar con los habitantes de esas instancias superiores? —Recuerdo que le hice estas preguntas a bocajarro.

—En esas instancias se conserva, efectivamente, la apariencia humana de la última encarnación —me explicó Ivika—, pero manifiesta en un estado diferente, que se ajusta al mejor momento de lo que el alma experimentó en la simulación. Ello dictamina la edad biológica de referencia del nuevo cuerpo de tránsito que se construirá. Lo que denominan «memoria» se conserva. No se pierden los recuerdos porque estos no se archivan realmente en lo físico. Además, todos los detalles periféricos e informaciones enterradas en lo más profundo de la mente humana transmigran a este nuevo estado para completar la percepción de lo hecho y aprendido.

Todo lo que han sentido y experimentado —prosiguió en su explicación—, los lugares y las personas que han conocido e incluso todo cuanto han leído, permanece en los archivos del espíritu caminante. Y esas múltiples experiencias y conocimientos adquiridos por los seres-célula alimentarán la gran consciencia que penetra el cosmos. Es un minucioso entramado de aprendizaje y evolución.

Las extraordinarias afirmaciones de Ivika me confirmaban muchas cosas. Mi emoción era desbordante. Entonces pensé en mi padre y en las personas cercanas que ya habían abandonado la «simulación»...

—¿Y se puede contactar con esos «lugares intermedios» —repetí mi pregunta, que no había sido contestada.

Y sobrevino, nuevamente, otro espacio de silencio de Ivika...

—En circunstancias excepcionales es posible, pero hay límites —contestó—. No se debe afectar el orden ni los procesos de los ahora resucitados, y ellos tampoco deben transgredir ciertas leyes al involucrarse demasiado con el aprendizaje de sus seres queridos que aún se hallan en la Tierra densa. Sabes muy bien que la comunicación con otros planos espirituales es posible, pero tiene sus reglas y, como dirían ustedes, su ética y normas de conducta. En todo caso, no entenderías cómo se «vive» en esas realidades.

—Más allá de mis preguntas, ¿el objetivo de este contacto era hablar sobre la existencia de esa vida después de esta vida? ¿Con qué fin?

—Detectamos en ti una conmoción importante durante el año del no-tiempo. ¿Entendiste el mensaje?

Miedo a la muerte

Ivika, nuevamente, daba en el clavo...

Supe de inmediato que se refería a la infausta pandemia del 2020. Un suceso que, de alguna forma, «ellos» nos habían anticipado en el encuentro de Atacama en septiembre del 2019.

Cuando se asomó la crisis mundial, hice una consulta en comunicación e Ivika contestó asegurando que el 2020 sería un momento de «no-tiempo» y que, además, este se replicaría, como un espejo, por otro año más, el también complicado 2021. Publiqué esos mensajes en su debido momento, cuando nadie imaginaba lo largo y penoso que sería este curso de incertidumbre en la humanidad. En mi referido libro *Tierra II* hablo al detalle sobre todo esto.

En aquel entonces, Ivika también nos dijo que tras la pandemia vendría una gran guerra. Y si esa guerra escalaba y en ella se empleaba la energía del universo (en referencia al armamento nuclear), la amenaza de impacto de un asteroide se incrementaría gravemente. La enviada de Alfa Centauri declaraba que teníamos que alcanzar una masa crítica de consciencia para «reconducir los acontecimientos». Luego nos precisó que la guerra empezaría por una acción de Rusia en febrero del 2022.

Recuerdo que muchos grupos holísticos del mundo, sin saber lo que venía, se reunieron en diversos lugares de poder para celebrar la apertura de un «portal» el 22 de febrero del 2022. Siempre he dicho que una cosa es meditar por la paz mundial y otra muy distinta estar abriendo pretendidos portales en lugares antiguos de la Tierra. Cuarenta y ocho horas más tarde del evento 22/2/22, Rusia invadía Ucrania...

Curioso...

Rusia, sin duda, es un importante actor en los futuros sucesos de conflagración en el mundo. Pero no el único. Hay otras zonas del planeta en donde el fantasma de la guerra acecha permanentemente. ¿Hasta cuándo vamos a seguir peleándonos los unos con los otros? ¿Podremos modificar esta situación a tiempo? ¿El programa espacial secreto que apunta hacia Alfa Centauri será nuestra última carta de supervivencia?

Espero que no sea así.

Volviendo a la pandemia, creo que no hay duda de que fue un antes y un después para todos. Se enfrentó el miedo a la enfermedad y a la muerte, pero también se valoró la importancia de la libertad en medio de las excesivas y largas cuarentenas impuestas en varios países. Argentina fue uno de esos casos. Pero mi esposa y yo tratamos de aprender de esta coyuntura. Solo cuando sobreviene el huracán, se comprueba la solidez y las defensas de la casa...

Para que el lector se haga una idea, en las últimas dos décadas de sostenidos viajes no lograba estar más de tres o cuatro meses en mi hogar al año. Pero la pandemia me detuvo durante ocho meses seguidos. Para mí fue una gran experiencia. Aproveché ese tiempo para pensar con calma, leer, componer música y escribir un libro. Me hacía falta esa quietud. Hallarme tanto tiempo viajando sin parar no me había permitido sopesar adecuadamente muchas cosas. Entonces, me di cuenta y aprendí. Fue una positiva conmoción.

Hoy he vuelto al ritmo de los viajes, pero soy otra persona. Y procuro generar mayores espacios para disfrutar de la calma del hogar con mi inseparable Sol. Cuando llegue el momento de abandonar la «simulación», ¿nos reencontraremos en uno de esos «lugares intermedios» que menciona Ivika? Me lo pregunté en Atacama.

No le temo a la muerte (porque esta no existe). Ni a la forma de morir (acepto con humildad mi acuerdo de vida). Naturalmente, en cualquier momento, yo, mi esposa, o quien ahora me lee, podríamos partir, porque es un misterio el ciclo asignado en el mundo-escuela que llamamos Tierra. Pero ¿cómo prepararnos para el momento crucial en que dejamos definitivamente este cuerpo físico? Mi humilde aprendizaje me dice: viviendo en felicidad. «La mejor preparación para morir es vivir en felicidad y dejar algo de nosotros en los demás.» Una semilla. Una huella. Un elemento que sea inspirador.

Y es que hay otro «temor a la muerte»: el haber muerto en vida estando aquí...

Aunque esa caprichosa inamovilidad, inercia y desgana espiritual se puede romper con una honesta y poderosa decisión de seguir adelante.

La «imperfección» humana es parte de un plan mayor.

Ivika sabía perfectamente todo lo que había reflexionado en aquel tiempo.

—Ahora que ves el programa desde otra perspectiva, como una luz que surge de la tormenta —me dijo—, debemos preguntarte una vez más: ¿estás dispuesto a continuar en la etapa que viene? Ese es el objetivo de este contacto.

En la lejanía, cerca de un camino, González Corpancho permanece de pie mientras vive «aquello» en plena tormenta que, de súbito, irrumpió en el Valle de la Luna.

Capítulo 13

INSTRUCCIONES

«Durante dos meses guarda silencio sobre los detalles de este encuentro. Luego, progresivamente, las claves que te he entregado acudirán a ti y serán plasmadas al final del libro que estás por empezar a escribir.»

En las variables del tiempo:

- El cronocontacto será, a lo largo de esta nueva fase, una modalidad estratégica de encuentro con nosotros. Este es un mecanismo apropiado porque minimizará nuestro impacto en su realidad al no tener que crear instancias de intercambio desde cero.

- Más que recibir nueva información, esta nueva fase les exige organizar, comprender e integrar lo que ya se les ha transmitido. Pero recuerden que esto implica deconstruirse y despojarse de los marcos internos de referencia.

- Sostenidas contiendas que se muestran separadas podrían enlazarse y engendrar un conflicto global. Cuando el país del dragón escupa fuego, será irreversible.

- El visitante del espacio es un elemento de *reset* planetario. Ha sido empleado en otras ocasiones, con aciertos y errores. Su tiempo de acción puede ser afectado e incluso detenido por los propios mentores, aunque para que eso suceda es indispensable que la humanidad dé claras muestras de comprensión y consciencia.

◆Pero no se distraigan en el visitante. Hay otros fenómenos relacionados que podrían formar parte del *reset* planetario. Atentos al comportamiento del Sol y su relación con el núcleo terrestre.

◆Tierra II es un «lugar intermedio» y, a su vez, un planeta que fue habitado.

◆Debemos confirmarles que en nuestra línea de tiempo el proyecto Tierra II fracasó, con todo lo que eso significa. Por esa razón estamos visitando las realidades pasadas que originaron el programa de «El Arca». Nuestra limitación de operaciones es tan grande que todo dependerá de la humanidad de esta Tierra. Sepan que el Minius ya ha sido hallado. Este descubrimiento cambiará completamente el curso de los sucesos futuros, acelerando peligrosamente determinados procesos, pero también abriendo las puertas a la especie humana para la exploración espacial. Puertas de salida y, no obstante, también de entrada.

◆Las experiencias de contacto con nosotros pueden fluir en una realidad «física», aunque distinta a la que conocen. Es más semejante a la naturaleza de los «lugares intermedios». Investiguen sobre ello.

◆Para conectar con otras realidades no hace falta hacerse con complejos dispositivos o tecnología experimental. Su mente es la gran tecnología y los lugares de contacto su resonador por excelencia.

◆La tecnología más poderosa para conectar (en circunstancias excepcionales) con los «lugares intermedios» es el amor.

◆El mundo les ofrece incontables espacios de entrenamiento para enlazar con esas realidades superiores. Pero serán sitios apagados para quienes solo basaron su búsqueda en el fenómeno exterior.

◆La nueva etapa de investigación-experimentación les llevará, como ya les hemos informado, a recorrer centros de los Andes que se están dando a conocer para este tiempo.

◆Numerosos grupos en el mundo se hallan en contacto con nosotros. Pero también abundan los oportunismos, confusiones y falsas experiencias. Este desorden seguirá creciendo y llegará a un punto en el que será difícil separar lo real del engaño. Entonces terminará, definitivamente, la fase de aproximación selectiva de las misiones antropológicas.

◆Los líderes de la Tierra no reconocerán nuestra existencia en un tiempo cercano. Las noticias sobre sus estudios oficiales de fenómenos aéreos anómalos seguirán difundiéndose, pero manchadas por la mentira.

◆Cuando llegue el día del gran anuncio, se volverá a mentir sobre nosotros.

◆Nadie tendrá que comunicar al planeta la verdad de que no están solos. La verdad se hará presente a todos.

◆No deben interpretarnos a imagen y semejanza de sus miedos, ignorancias, carencias o enfados con el mundo que ustedes mismos han construido. Hace mucho tiempo que fueron dejados a su libre experimentación para que caminen la Tierra más allá de las posibles interferencias.

◆Hay evidencias de grandes civilizaciones terrestres anteriores al último *reset*. Pero esas pruebas se hallan en lugares muy profundos y por ahora inaccesibles. Aprendan de las leyendas y mitos que las recuerdan. Y tengan presente que lo cíclico es cíclico hasta que surge la singularidad.

◆Al activarse como *supraperceptores* pueden entrar en comunicación con diferentes emisores, mundos y dimensiones. Pero aprendan a distinguir «percepción» de «realidad». Nosotros somos una de esas variables que entienden por extraterrestre.

◆A partir de este momento no tienes por qué citarnos. Podrás reunir las diversas manifestaciones del programa y los aportes de los mensajeros de distinto origen en una sola expresión, «La Fuente». La Fuente les seguirá guiando e inspirando en esta nueva etapa que se basará en la información que une, que ilumina la mente, que activa el recuerdo. He ahí la verdad.

◆Y la verdad «es». Siempre permanece. No puede ser destruida.

◆Que vivan en una simulación no quiere decir que ustedes no sean «reales».

◆Entre la realidad del ser y la simulación hay un elemento importante: la experiencia.

◆No deben confundir el juicio y la crítica destructiva con el discernimiento. Discernimiento es consciencia de la experiencia.

◆Vivirán plenamente lo que en su momento se les anunció: pasarán de ser «contactados» (con algo externo) a «conectados» (con la esencia de todo reflejada en el interior).

◆El contacto fue un medio, no un fin.

◆Panium hablará y la semilla del tiempo del «Uno y el Último» germinará y será escrita.

EPÍLOGO

CONTACTADOS

Este libro-testimonio solo ha procurado mostrar que todos somos «contactados» con algo poderoso que aún no comprendemos.

He aprendido que la clave de entendimiento no se debe buscar en el fenómeno externo de contacto. Se oculta en lo más íntimo de la mente del testigo. Estamos, pues, entrelazados con «aquello». Formamos parte de un tejido mayor que impregna el universo. No estamos separados.

Lo que catalogas de extraño es común para la naturaleza del Gran Emanador, el Uno.

Si alguna vez te sentiste como un «cisne negro», debes saber que no eres el único...

AGRADECIMIENTOS

A mi editora, Toñi Ramiro Herranz, por seguir con la intuición fina. A Luciérnaga y al Grupo Planeta por romper otra lanza a favor de un mensaje «imposible».

A todos los que han sido parte, hasta aquí, de este extenso y valioso aprendizaje. Innumerables compañeros de aventuras y desventuras, pero todos grandes maestros que han dejado imborrables huellas en mi alma.

A mi eterno grupo de adolescentes de Anrrom, porque soñamos juntos.

A mis queridos amigos del grupo Maranga, porque aquí seguimos, estrechados en un abrazo más allá del tiempo y el espacio.

A mi actual equipo de expediciones Hermón, porque son parte importante de mi familia espiritual. Ellos lo saben.

A mis padres, por todo el amor que me dieron y por respetar este tan duro como hermoso camino que emprendí. Las rosas no tienen espinas. Las espinas tienen rosas.

A Sol, una vez más, por ser y estar, la mejor compañera de vida que podría haber imaginado. Su luz es más poderosa que el destello que me aguarda en el «otro lado».

Y a N y a otros amigos que ya partieron, quienes desde ese «lugar intermedio» nos han compartido informaciones asombrosas que les ha sido autorizado revelar.

Pero esa será otra historia...